总主编 ◎ 楼宇烈

羊皮卷珍藏版

中|华|优|秀|传|统|文|化|经|典|丛|书

止 学

郭继承 ◎ 主编

中国出版集团

中译出版社

图书在版编目（CIP）数据

止学：羊皮卷版 / 郭继承主编 . -- 北京 ：中译出
版社，2024.7
  ISBN 978-7-5001-7884-2

Ⅰ．①止… Ⅱ．①郭… Ⅲ．①哲学理论－中国－隋代
②人生哲学－中国－隋代 Ⅳ．① B241.12 ② B821

中国国家版本馆 CIP 数据核字 (2024) 第092015号

止　学：羊皮卷版
ZHI XUE ：YANGPIJUAN BAN

策　　　划：	善品堂藏書
特约策划：	邹德金　杨旭光
责任编辑：	张　旭
封面设计：	宋徽因
出版发行：	中译出版社
地　　址：	北京市西城区新街口外大街 28 号普天德胜大厦主楼 4 层
电　　话：	010-68002876
邮　　编：	100088
印　　刷：	唐山玺鸣印务有限公司
规　　格：	889mm×1194mm　　1/32
印　　张：	11.375
字　　数：	201 千字
版　　次：	2024 年 7 月第 1 版
印　　次：	2024 年 7 月第 1 次
书　　号：	ISBN 978-7-5001-7884-2
定　　价：	86.00 元

中 译 出 版 社

本书主编：郭继承

郭继承，中国政法大学思政研究所教师，北京师范大学哲学博士，西北大学历史学博士后。

郭继承致力于中国思想史、中西文化比较、现代文明的困境与应对、中华文化的推广与传播、人生哲学等领域的研究。近年来，应邀在国家部委、国资委直属国企、各省市地方政府、中央广播电视总台等单位授课，内容涉及中华经典的现代阐释、中国共产党历史、中华优秀传统文化的现代转化、人生哲学、管理智慧、团队建设等主题，听众反响热烈，其课程在网络上更是影响广泛。

出版缘起

文化是一个国家、一个民族的灵魂。泱泱华夏，五千年文明历史所孕育的中华优秀传统文化，是中华民族生生不息、发展壮大的丰厚土壤。

党的十八大以来，以习近平同志为核心的党中央高度重视中华优秀传统文化的传承与发展。2013年11月26日，习近平总书记在山东曲阜考察时强调，要大力弘扬中华优秀传统文化。2022年6月8日，习近平总书记在四川眉山三苏祠考察时指出："要善于从中华优秀传统文化中汲取治国理政的理念和思维。"2017年1月，中共中央办公厅、国务院办公厅印发《关于实施中华优秀传统文化传承发展工程的意见》，系统部署传承发展中华优秀传统文化的战略任务，把传承中华优秀传统文化提升到新的历史高度。2022 年 4 月，中共中央办公厅、国务院办公厅印发《关于推进新时代古籍工作的意见》，明确指出，要完善古籍工作体系、提升古籍工作质量，"挖掘古籍时代价值"，"促进古籍有效利用"，"做好古籍普及传播"。

中华传统文化是中华民族的"根"与"魂"。文化兴则国家兴，文化强则民族强。没有高度的文化自信，没有文化的繁荣兴盛，就没有中华民族的伟大复兴。党的十九届六中全会强调，要"推动中华优秀传统文化创造性转化、创新性发展"。为适应全民阅读、共读经典的时代需求，我们组织出版《中华优秀传统文化经典丛书》，以展示古籍研究领域的成果，推广、普及中华优秀传统文化经典，传承、弘扬中华优秀传统文化，提振当代中国人的文化自信。

激活经典，熔古铸今。丛书精选中华优秀传统文化经典，既选取广为人知的历史沉淀下来的传世经典，也增选极具价值但多部大型丛书未曾选入的珍稀出土文献（如诸多竹简、帛书典籍），充分展示中华传统文化的历史脉络与宏富多元。丛书由众多学识渊博的专家学者担任编委，遴选各领域杰出研究者与传承人担任解读（或译注）作者，切实保证作品品质。

　　丛书定位为中华优秀传统文化经典普及读物，力求能让广大读者亲近经典、阅读经典，充分领略和感受中华优秀传统文化的魅力，并从中获益。为此，解读者（或译注者）以当代价值需求为切入点解读古代典籍，全方位解决古文存在的难读难解、难以亲近的问题，让中华优秀传统文化贴近现实生活，走进人们的心中，最大限度地发挥以文化人的作用。

　　"问渠那得清如许？为有源头活水来。"博大精深的中华文化源远流长，五千年文脉绵延不绝，中华优秀传统文化是中华儿女奋发图强、继往开来、实现民族伟大复兴的强大精神来源。"洒扫应对，莫非学问。"读者诸君若能常读经典、读好经典，真正把传统文化的精义、真髓切实融入生活和工作，那各位的知与行也一定能让生活充满希望，让工作点亮未来，让国家昌盛，让世界更美好！

丛书编委会

2022 年 6 月 9 日

目　　录

原文全览

智卷一

智极则愚也。圣人不患智寡，患德之有失焉。才高非智，智者弗显也。位尊实危，智者不就也。大智知止，小智惟谋，智有穷而道无尽哉。

谋人者成于智，亦丧于智也。谋身者恃其智，亦舍其智也。智有所缺，谋存其敌，慎之少祸焉。

智不及而谋大者毁，智无歇而谋远者逆。智者言智，愚者言愚，以愚饰智，以智止智，智也。

用势卷二

势无常也，仁者勿恃。势伏凶也，智者不矜。

势莫加君子，德休与小人。君子势不于力也，力尽而势亡焉。小人势不惠人也，趋之必祸焉。

众成其势，一人堪毁。强者凌弱，人怨乃弃。势极无让者疑，位尊弗恭者忌。

势或失之，名或谤之，少怨者再得也。势固灭之，人固死之，无骄者惠嗣焉。

利卷三

惑人者无逾利也。利无求弗获，德无施不积。

众逐利而富寡，贤让功而名高。利大伤身，利小惠人，择之宜慎也。天贵于时，人贵于明，动之有戒也。

众见其利者，非利也。众见其害者，或利也。君子重义轻利，小人嗜利远信，利御小人而莫御君子矣。

利无尽处，命有尽时，不怠可焉。利无独据，运有兴衰，存畏警焉。

辩卷四

物朴乃存，器工招损。言拙意隐，辞尽锋出。

识不逾人者，莫言断也。势不及人者，休言讳也。力不胜人者，勿言强也。

王者不辩，辩则少威焉。智者讷言，讷则惑敌焉。勇者无语，语则怯行焉。

忠臣不表其功，窃功者必奸也。君子堪隐人恶，谤贤者固小人矣。

誉卷五

好誉者多辱也。誉满主惊，名高众之所忌焉。

誉存其伪，诡者以誉欺人。名不由己，明者言不自赞。贪巧之功，天不佑也。

赏誉勿轻，轻则誉贱，贱则无功也。受誉知辞，辞则德显，显则释疑也。上下无争，誉之不废焉。

人无誉堪存，誉非正当灭。求誉不得，或为福也。

情卷六

情滥无行，欲多失矩。其色如一，神鬼莫测。

上无度失威，下无忍莫立。上下知离，其位自安。君臣殊密，其臣反殃。小人之荣，情不可攀也。

情存疏也，近不过己，智者无痴焉。情难追也，逝者不返，明者无悔焉。

多情者多艰，寡情者少难。情之不敛，运无幸耳。

蹇卷七

人困乃正，命顺乃奇。以正化奇，止为枢也。

事变非智勿晓，事本非止勿存。天灾示警，逆之必亡；

人祸告诫，省之固益。躁生百端，困出妄念，非止莫阻害之蔓焉。

视己勿重者重，视人为轻者轻。患以心生，以塞为乐，塞不为塞矣。

穷不言富，贱不趋贵。忍辱为大，不怒为尊。塞非敌也，敌乃乱焉。

释怨卷八

世之不公，人怨难止。穷富为仇，弥祸不消。

君子不念旧恶，旧恶害德也。小人存隙必报，必报自毁也。和而弗争，谋之首也。

名不正而谤兴，正名者必自屈焉。惑不解而恨重，释惑者固自罪焉。私念不生，仇怨无结焉。

宽不足以悦人，严堪补也。敬无助于劝善，诤堪教矣。

心卷九

欲无止也，其心堪制。惑无尽也，其行乃解。

不求于人，其尊弗伤。无嗜之病，其身靡失。自弃者人莫救也。

苦乐无形，成于心焉。荣辱存异，贤者同焉。事之未济，志之非达，心无怨而忧患弗加矣。

仁者好礼，不欺其心也。智者示愚，不显其心哉。

修身卷十

服人者德也。德之不修，其才必曲，其人非善矣。

纳言无失，不辍亡废。小处容疵，大节堪毁。敬人敬心，德之厚也。

诚非虚致，君子不行诡道。祸由己生，小人难于胜己。谤言无惧，强者不纵，堪验其德焉。

不察其德，非识人也。识而勿用，非大德矣。

智卷一

智极则愚也。

[译文]

过于聪明就是愚蠢了。

[解读]

运用智谋，讲究恰到好处和适可而止，在特定时期，不用智谋也是智谋之一。人们假如一味玩弄聪明，片面追求极致，最终结果势必会作茧自缚，为自己的小聪明付出沉重的代价。智谋最忌滥施和张扬，假如一个人处处工于心计和不加掩饰，便会令他人侧目而严加防范，其智谋的出奇性和有效性也就大打折扣

了。弄巧成拙，反受其害的事最易由此产生，实则有
违初衷。

[案例]

蒋干盗书：自作聪明上大当

这个故事发生在三国赤壁大战前夕，曹操亲率百万
大军，驻扎在长江北岸意欲横渡长江直下东吴。东吴都
督周瑜也带兵与曹军隔江对峙，双方剑拔弩张，准备大
战一场。

蒋干，字子翼，是曹操手下的谋士。他因自幼和周
瑜同窗读书，便向曹操毛遂自荐，要过江到东吴去做说
客，劝降周瑜，免得大动干戈。曹操闻知大喜，亲自置
酒为蒋干送行。

这天，周瑜正在帐中议事，部下传报"故人蒋干相
访"。周瑜闻讯，已经猜出蒋干来意，他眉头一皱，计
上心来，连忙吩咐众将依计而行，随后带着众人亲自出
帐门迎接。二人相见，寒暄一番，周瑜挽着蒋干手臂同
入大帐，设盛宴款待蒋干，请文武官员都来作陪。席上，
周瑜解下佩剑交给太史慈，命他掌剑监酒，吩咐道："蒋
干和我是同窗契友，虽从江北到此，却不是曹操的说客，
诸位不要心疑。今日宴席之上，只准共叙朋友旧交，有
人提起两家战事，即席斩首！"蒋干听了，面色如土，

哪敢多言！周瑜又对蒋干说道："我自领兵以来，滴酒不饮，今日故友相会，正是：江上遇良友，军中会故知。定要喝他个一醉方休！"说罢，传令奏起军中得胜之乐，开怀畅饮。

酒至半酣，周瑜举杯祝酒道："在座各位，都是江东豪杰，今日之会，可称作群英会！真是——同窗契友会'群英'，江东豪杰逞威风！"随后，乘着酒兴，起身舞剑作歌："丈夫处世兮立功名，立功名兮慰平生，慰平生兮吾将醉，吾将醉兮发狂吟。"直喝得酩酊大醉。

宴罢，蒋干扶着周瑜回到帐中，周瑜说道："很久没和子翼兄共寝，今夜要同榻而眠。"说着，蒙蒙眬眬地睡去。蒋干心中有事，想起在曹操面前曾经夸下海口，不知回去如何交代，听听外面鼓打二更，哪里还睡得着？他见周瑜鼾声如雷，便摸到桌前，拿起一叠文书偷看起来。正翻着，忽见里面有一封书信，细看却是曹操的水军都督蔡瑁、张允写给周瑜的降书。蒋干看罢，大吃一惊，慌忙把信藏在衣内。再要翻其它文书，却听周瑜梦中呓语："子翼，我数日之内，定叫你看曹操首级！"蒋干口中含糊答应着，连忙吹了灯，匆匆睡下。

清晨，有人入帐叫醒周瑜，说道："江北有人来……"周瑜急忙止住他，看看蒋干，蒋干假装熟睡。周瑜和那人轻轻走出帐外，又听那人低声说道："蔡瑁、张允说，现在还不能下手……"声音越来越低。蒋干心中着急，可又不敢乱动。不一会儿，周瑜回来躺下睡了。蒋干怕惊动周瑜，等周瑜睡熟，偷偷地爬起来，径直走出军营，守营军士也不阻拦。他来到江边，寻着小船，飞一般驰过长江，回见曹操。

其实，这一切都是周瑜定下的反间计。他知道曹军中只有蔡、张二将精通水战，便设下此计，想借曹操之手杀掉这两个人。曹操果真上了当，斩了蔡瑁、张允。等到众人将蔡瑁、张允的头送上时，曹操才省悟过来，已经晚了，只好另换了两个水军都督。结果，赤壁一战，曹操水军一败涂地。

"智极则愚"，生活中一些聪明的人，坏事就坏在聪明上。聪明的人自认为高人一等，而往往把脑子用歪了，很多绝顶聪明的人，最后都栽在聪明过头上。比如故事中的蒋干。

聪明是靠不住的。能帮助别人出谋划策的人，自有聪明过人之处，但聪明人成不了智者。因为聪明的人往往自我膨胀，自以为别人都是傻子。才智的高明，为人的优越，往往会使聪明人渐渐地堕落成一个狂妄自大的人。聪明的人最大的毛病就是太聪明，聪明到了极点，便是看谁都不如自己聪明。

荷兰智者伊拉斯谟说："好运总是垂青那些迟钝的

人，总是打击那些出头鸟，总是激勉和安慰那些愚人，给他们所有的事业带上胜利的花环。"生活并不是青睐聪明的人，而是成就那些意志坚强、持之以恒而智力平平乃至稍稍迟钝的人。

人以智犯禁，群以谋抗法。一个人点子多，就会自负聪明，无所顾忌，一群人点子多了就会无视法纪，招惹是非。伊拉斯谟说过："那些最不幸的人就是那些智慧最高的人。"

圣人不患智寡，患德之有失焉。

[译文]

圣人不担心自己的智谋少，而担心自己的品德有缺失。

[解读]

以前的圣人向来以品德高尚被后人尊重。和他们的智谋相比，重视修身养德可谓圣人之所以为圣人的显著标志。在他们看来，最大的危险来自对对手智慧的低估上。

一个人如果有才无德，他就会失去人生的方向，干下种种恶事，这对人对己都是有害无益的。从这个意义上说，对智谋的追求就不能无休无止，更不能失去对品德的培养。只强调智谋的人势必会失去仁爱之心，于德有亏，做事就会不留余地了。

[案例]

封轨：自律严谨，节操高尚

在竞争激烈的现实社会中，想要求得生存，的确需要才能。但是，如果以为只需充分的才能便足以应付一切，这实在是痴人说梦。洪自诚认为："德者才之主，才者德之奴。"才能固然重要，但是如果没有德——人格，就无从谈才了。才与德就像车子的两个轮子，倘若强分高低，那么人格是主要的，而才是人格的附带物。

此外，他还指出："徒有才能而缺乏人格，就好像是身处主人外出，而佣人为所欲为的客厅中，如此，这个家迟早会沦为妖怪变幻的场所。"所谓"才子溺于才"，只凭才能办事是行不通的，只有德才兼备的人才能出类拔萃。

北魏时渤海人封轨，沉谨好学，博通经传。性格方直，为时论推重。官至征虏将军。

封轨与光禄大夫武邑孙惠蔚志同道合，相互见重，引为挚友。惠蔚经常赞叹封轨："封先生对于经义，不只在于章句解说中有独特的见解，尤其能够把握宏旨脉络，统括思想，在这方面我不如他，差距很大啊。"

封轨自律严谨，节操高尚，仪容整洁，威仪堂堂。于是就有人说："有知识的人大多不修边幅，您这个贤达之士为什么独自不同？"封轨听了笑着说："修养高尚的人使自己的衣服帽子整洁端庄，目不斜视，行为庄重，这是应该的。为什么非要做出蓬头垢面的样子，才认为是贤德呢？"非议他的人听了之后，很感惭愧。

封轨深为尚书右仆射郭祚所赏识，郭祚常对儿子郭景尚说："封轨、高绰二人，都是国家的栋梁之材，将来必然受重用。我平生不轻易推荐人，而多次推荐这二位，不只是为国进贤，也是为了你们兄弟将来的榜样和依靠。"封轨以方直自业，高绰也以风概而立名。尚书令高肇官拜司徒时，高绰送迎往来，而封轨竟然从不往见。高绰四顾不见封轨，回到家后自叹："我一生自以为没有违越修养的原则，今日举措，不如封先生很远啊。"封轨以"务德慎言"作为修身之本，认为"奸回谗佞"是世间最大的祸患，因此著有《务德》《慎言》《远佞》《防奸》四篇戒铭，可惜其文字未能传载于典籍。

太和年间，封轨官拜著作佐郎，很快又升任尚书仪曹郎中，兼员外散骑常侍。封轨曾奉命出使高丽。高丽王云自恃其地处偏远，借口卧病不愿亲自接受诏令。封轨正色诘责，喻以大义。高丽王云于是北面拜受诏书。此前，契丹掳掠边境居民六十多人，又被高丽抢掠东归。封轨发出公文声讨，高丽王云当即全部给以资费送回。有司奏称封轨远使绝域，不辱朝命，并使边境居民归来恢复生产，功宜加爵封赏。世宗下诏官升一级，转考功郎中，除本郡中正。渤海太守崔休调任吏部郎官，以其兄政绩考核之事请托封轨。封轨说："法者，天下之平，不可因旧交亲情而使之有所亏损。"崔休叹服其正直和坚持原则的精神。

宋代范仲淹也专注于修身，具有"先天下之忧而忧，后天下之乐而乐""居庙堂之高则忧其民，处江湖之远则忧其君"的高尚品格。清朝名将邓世昌在中日甲午海战中，虽弹药用完且舰艇遭到极大损伤，仍开足致远舰马力，冲向日舰吉野号，欲与之同归于尽，表现出极强的民族气节。这些伟大的人格力量都是从不断的自我修身中得来的，因此修身是做人的根本。

每个人的才能都不一样，难以用一个标准去衡量。尺有所短，寸有所长。某个行业中的优秀人才，未必是另一个领域的行家。在同等条件下优先选拔重用有较高德行修养的人，对国家、对社会、对人民有百利而无一害。

翻阅中国历代兴衰史，最后的成功者，不仅本身拥有特殊的能力，同时还具有谦虚、宽容、体谅、信赖等品德。"圣人不患智寡，患德之有失焉。"对于一个领导者而言，一旦缺乏德行，就无法赢得部下的尊敬，难以成就大业。

才高非智，智者弗显也。

[译文]

才能出众不是智慧，有智慧的人并不显露自己。

[解读]

俗话说，真人不露相，露相不真人，刻意隐藏智慧往往是智者的第一选择。这其中自有智者对智慧的独特认识的原因，但更多的还是他们对智慧的反作用心存忌惮。在封建专制时代，一个人的智慧越高，如果他不为君主所用，他所面临的危险也就越大。纵是卖身投靠，他们也常常被君主所猜忌，视为潜在的威胁。这就要求真正的智者以保身避祸为头等大事了，做不到这一点的人，总是不知收敛的人，他们的结局大多不妙。

[案例]

孔融：爱耍聪明反被杀

孔融是孔子的正宗嫡系子孙，孔融长大后在世事动乱的年代成了名士。孔融虽然是"大圣之后"，也曾自许大志，表示要济危救难，匡扶汉室，但他却缺乏政治见识与匡济大才。在任北海相期间，他的主要政绩是在建立学校、表显儒术、荐举贤良、吊死问生等方面。至于说到用兵打仗，这位大名士可就出尽洋相了。他在北海曾多次被黄巾起义军和袁绍的人马所围困，以至于"不能保障四境，弃郡而去"。一次他在都昌被黄巾军所困，多亏刘备派兵救援才解围而去。又一次在建安元年，袁绍之子袁谭率兵把孔融围在青州，一连数月，城内守兵只剩下百十来人，形势危在旦夕，而孔融却"凭几安坐，读书议论自若"。结果只落得"城坏众亡"，自己仅以身免，妻子儿女全部做了俘虏。

孔融是当时比较正直的士族代表人物之一，他刚直耿介，早年刚刚踏入仕途，就初露锋芒，纠举贪官。董卓操纵朝廷废立时，他又每每忤卓之旨，结果由虎贲中郎将左迁为议郎。后来在许昌，孔融又常常发议论或写文章攻击嘲讽曹操的一些措施。太尉杨彪因与袁术有姻亲，曹操迁怒于他，打算杀他。孔融知道后，顾不得穿朝服就急忙去见曹操，劝说他不要错杀无辜，以免失去天下人心，并且声称："你如果杀了杨彪，我孔融明天就撩起衣服回家，再也不做官了。"由于孔融的据理争辩，杨彪才得免一死。建安九年，曹操攻下邺城，其子曹丕纳袁绍儿媳甄氏为妻，孔融知道后写信给曹操说："武王伐纣，以妲己赐周公。"曹操不明白这是对他们父子的讥刺，还问此事出何经典，孔融回答道："以今度之，想当然耳。"当时连年用兵，又加上灾荒，军粮十分短缺，曹操为此下令禁酒，孔融又一连作书加以反对。对于孔融的一再与自己作梗，曹操是早怀嫉恨的，只因当时北方形势还不稳定，而孔融的名声又太大，不便对他怎样。到了建安十三年，北方局面已定，曹操在着手实施统一大业的前夕，为了排除内部干扰，开始对孔融下手了。他授意别人诬告孔融"谋划不轨"，又曾与祢衡"跌宕放言"。罪状就是孔融以前发表的关于父母子女关系的那段言论。这样，在建安十三年八月，孔融被弃市，妻子儿女同时遇害。

"才高非智，智者弗显。"聪明人的一个大忌，就是自我炫耀。这样的人，给其他人的感觉是很不舒服的，不仅达不到宣传自己的目的，反而会招来他人的嫉妒，其祸患无穷！孔融的下场就是最好的证明。

"不可太露其锋芒"并不是销蚀锋芒，而是指人应隐其锋芒，不要恃才而咄咄逼人。其实，隐藏锋芒也是

一项强化自己的学识、才能和修养的过程，有利于培养
自己处理好各种人际关系的能力与技巧，是放弃个人的
虚荣心而踏实地走向辉煌的表现。

位尊实危，智者不就也。

[译文]

地位尊崇其实充满危险，有智慧的人不恋权位。

[解读]

对名位的追逐，向来是许多人的人生目标。斗智
斗力、无所不用其极，更是那些"成功者"自诩成功
的秘笈之一。然而，在大智慧者眼中看来，赢取高位
固然是一种智慧的体现，而主动放弃高位，急流勇退，
这才是智慧的最高境界。人们只知高位的好处，却往
往看不到高位所带来的危险；只知一味贪求，却不能
适时放弃，这都是智慧不足的表现。任何时候，智慧
都是以保身立命为前提的，离开这一宗旨，其智慧就
大打折扣了。

[案例]

明朝显贵郭德成：在皇帝面前失言，做和尚保全了性命

郭德成，元末明初人，性格豁达，十分机敏，特别喜爱喝酒。元末战乱，他和哥哥郭兴一起，追随朱元璋转战沙场，为明朝的建立立下赫赫战功。

朱元璋登基后，将随他打天下的将领们加官晋爵，给予优厚的待遇，成为朝中显贵。而郭德成仅做了骁骑舍人这样一个普通的官职。

郭德成的妹妹宁妃，在宫中深得朱元璋的宠爱，朱元璋因此感到有些过意不去，准备提拔郭德成。

郭德成知道后连忙推辞说："感谢皇上对我的厚爱，但我素来闲散，不谙政事，又爱喝酒，一旦做了大官，岂不是害了国家又害了自己吗？"朱元璋见他辞官坚决，心中赞叹，赐给他大量美酒和钱财，还经常请郭德成去皇宫后花园喝酒。

一次，郭德成奉命到皇宫陪朱元璋喝酒，见园内景色优美，桌上美酒香味四溢，他忍不住酒性大发，连声说道："好酒，好酒！"随即陪朱元璋喝起酒来。

见时间不早，郭德成踉踉跄跄走到朱元璋面前，语无伦次地辞谢。朱元璋见他醉态十足，头发纷乱。笑道："看你头发披散，语无伦次，真是个醉鬼疯汉。"郭德成摸了摸散乱的头发，脱口而出："皇上，我最恨这乱

糟糟的头发，要是剃成光头，那才痛快呢。"

朱元璋一听此话，心中不悦。原来，朱元璋少时曾在皇觉寺做过和尚，所以最忌讳"光""僧"等字眼，郭德成一语触到了他的痛处。正要发作，又见郭德成醉意蒙眬，便沉默不语，认为他酒后失言，暂时没有追究。

第二天，郭德成一觉醒来，才想到自己昨天在皇上面前失了言，吓得冷汗直流。他知道朱元璋对这件事不会轻易放过，自己以后难免有杀身之祸。怎么办呢？苦思多时，他终于想出了一条妙计。

过了几天，郭德成继续喝酒，狂放不羁，和过去一样，只是剃光了头，真的做了和尚，整日身披袈裟，念着佛经。朱元璋看见郭德成真做了和尚，心中的疑虑、忌恨尽消，还向宁妃赞叹："你哥哥真是个奇男子，原先我以为他讨厌头发是假，想不到真是个醉鬼和尚。"说完，哈哈大笑。

后来，朱元璋猜忌有功之臣，很多人被无辜杀戮，而郭德成却保全了性命。正所谓"位尊实危，智者不就也。"

大智知止，小智惟谋，智有穷而道无尽哉。

[译文]

大智慧的人知道适可而止，小聪明的人只是不停地谋划，智计有穷尽的时候而天道却没有尽头。

[解读]

可以说，在天理道义面前，智计的作用终是有限的。它可以让人得逞于一时，可若是违逆了这个大道，纵是当时不见其害，也是埋下了祸害的种子，日后终有报应。这方面的例子举不胜举，从反面也印证了智慧不是万能的，适可而止才是智慧的核心所在。

[案例]

韩琦：大智若愚的典范

"智"也有"小智"和"大智"之分，真正拥有大智慧的人，大智若愚，流芳百世，永垂不朽。司马迁在《史记·淮阴侯列传》中说："智者千虑必有一失，愚者千虑必有一得"，曹雪芹在《红楼梦》中也说："机关算尽太聪明，反误了卿卿性命"。由此可见真正的智者不是毫无节制的多虑，而是知道什么事情该虑，什么事情不该虑，拿得起，放得下！

　　宋代宰相韩琦以品性端庄著称，大智若愚，从来不曾因为有胆量而被人称许过，可是在下面两件事上的神通广大，实在是没有第二个人可比，这才是"真人不露相"的注脚。对于这样的老好人谁会防范呢？他因此而得以在无声无息中做了这两件大事：

　　当宋英宗刚死的时候，朝臣急忙召太子进宫，太子还没到，英宗的手又动了一下，宰相曾公亮吓了一跳，急忙告诉宰相韩琦，想停下来不再去召太子进宫。韩琦拒绝说："先帝要是再活过来，就是一位太上皇。"韩琦越发催促人去召太子，从而避免了权力之争。

　　担任大内都知职务的任守忠这个人很奸邪，反复无常，秘密探听东西宫的情况，在皇帝和太后间进行离间。有一天韩琦出了一道空头敕书，参政欧阳修已经签了字，参政赵概感到很为难，不知怎么办才好。欧阳修说："只要写出来，韩公一定有自己的说法。"韩琦坐在政事堂，把任守忠传来，让他站在庭中，指责他说："你的罪过应当判死刑，现在贬官为蕲州团练副使，由蕲州安置。"说完，韩琦拿出未经中书省而直接下达的文书填写好，当天就派使臣把任守忠押走了。

　　要是换上另外爱耍弄权术的人，任守忠会轻易就范吗？显然不会，因为他也相信一贯诚实的韩琦的说法，不会怀疑其中有诈。这样，韩琦轻易除去了蠹虫，而仍然不失忠厚。所以，大智若愚实在是一种人生的最高修养，也是一种人生的大谋略。大智若愚的人总有更多成功的机会。

真正大智若愚的人，潜谋于无形，常胜于不争不废！道教始祖老子也说："大道至简，大音希声，大象无形"，真理往往是简单明了的，大智慧也往往是少虑的！

曾国藩也赞成这种观点，曾说："人于平旦不寐时，能不作一毫妄想，可谓智矣！"意思就是说：一个人清晨睡不着觉的时候，能够不作一丝一毫的非分妄想，便可谓是大智慧！一个人，若能做到"大智在所不虑"，便可谓真正的"大智若愚"！

谋人者成于智，亦丧于智也。

[译文]

谋划别人的人成功在其智计上，也会失败在其智计上。

[解读]

对智计的迷信和依赖是许多人失败的一个重要原

因。应该说，谋划别人没有智计是不行的，可对智计的滥用和偏好也是有害的。撇开智计的高低优劣不论，单是对智计的这种误解就不是智者所为了。智计和其他事情一样，都有其两面性，即有利和有害的两面。认识不到智计的这一本质，趋利避害就成了一句空话，智计的反作用就会让人措手不及，一旦智计有失，便会陷于完全被动，难以应变。只有权衡得失，当用则用，当弃则弃的人，最终才能立于不败之地。

[案例]

晁错：用智过多被腰斩

晁错，颍川（今河南禹州）人，年轻时学法家学说，有辩才。景帝当太子时，他当家令，深受宠幸，号称"智囊"。

文帝时，吴王濞称他有病不上朝，晁错数次进谏吴王的过错，认为他该杀。文帝心中不忍。后来景帝继位，提升御史大夫陶青为丞相，提升晁错为御史大夫。从此晁错位列三公，位高权重。

不久，晁错向景帝提出削藩的建议，就是有名的《削藩策》。晁错提出，高祖封同姓王，仅齐、楚、吴三个王的封地就分去了天下的一半。对犯罪有过错的诸侯王，削去他们的支郡，只保留一个郡的封地，其余郡县都收归朝廷直辖。而最大的危险是吴王刘濞，晁错说："削他的封地会反，不削他的封地也要反。削他的封地，反得快，祸害小；不削他的封地，反得迟，祸害就大。"

于是，景帝下令让公卿、列侯和宗室共同议论，大多数人知道景帝是完全支持晁错的，因此没人敢公开表示反对。削夺赵王的常山郡、胶西王的六个县、楚王的东海郡和薛郡、吴王的豫章郡和会稽郡。晁错更改了法令三十条。这样一来，很多诸侯王们都起来发动叛乱。

晁错和袁盎在平日里不和，这天，景帝召见他们，景帝向袁盎询问说："处理造反有什么好办法吗？"

袁盎回答说："请您让左右先行退下吧。"

景帝让手下人退出去，只留下了晁错。袁盎又说："我所说的话，当臣子的是不能知道的。"景帝又让晁错退了出去。

袁盎说："吴国和楚国相继来信说，贼人晁错擅自支配诸侯，削弱他们的土地，因为这个他们才造反。只有杀了晁错，恢复诸侯过去的土地，才能兵不血刃地消除这场叛乱。"于是，景帝在东市把晁错给腰斩了。

史赞说："晁错那样的人，智慧小却谋划大，对他来说祸害像发射弓箭一样迅疾，发箭者比敌人还先受到伤害。"这是说人不可以没有智谋，但如果使用太多的智谋，那么就会遭到别人的怨恨，从而导致祸害。这样看来难道不应该谨慎吗？

"谋智者成于智，亦丧于智也。"经常用智的人，终究有一天也会失算在智慧之下。斗来斗去，强中自有强中手。就是没有遇到对手，英雄也有迟暮的一天，江湖没有胜者。

谋身者恃其智，亦舍其智也。

[译文]

谋划保全自身的人依靠其智计，也要舍弃其智计。

[解读]

保身之术五花八门，在常人眼中，唯恐保身之术手段不高，智慧不深。人们在绞尽脑汁苦修此术之时，往往忽略了舍弃此术的神奇效能。再好的智计也有破绽，在特殊时期，对特定的对象，智计的这些缺憾一旦被人捉住，弄巧成拙事小，暴露自己、为人利用事大。其实，一个人只要行事无私，堂堂正正，真诚待人，是无需过多依赖智计保身的。否则，纵是你再阴险狡猾、多方谋划，到头来也会原形毕露，身败名裂。

[案例]

王熙凤：乱用聪明害了自己

聪明是一笔财富，关键在于使用；财富可以使人过得很好，也可以把人毁掉。凡事总有两面，好的和坏的，有利的和不利的。真正聪明的人会使用自己的聪明，那主要是深藏不露，或者不到刀刃上，不到火候时不要轻易使用，一定要貌似浑厚，让人家不眼红你。一味耍小聪明，其实是笨蛋，因为那往往是招灾惹祸的根源。无论是从政，是经商，是做学问，还是治家务农，都不能耍小聪明。

提起《红楼梦》，说到王熙凤，人们一面惊叹于她的无与伦比的治家才能，她应付各色人等的技巧，但人们更熟悉的是她的结局。她算是文学作品中"聪明反被聪明误"的典型了。

王熙凤在贾府算是一个巾帼英雄，她想尽各种办法，用种种计谋，想使贾府振兴起来，或者至少维持着大家的局面，同时也积攒些家私。然而，她的努力，她的鞠躬尽瘁，却招致贾府上下人的一片不满。最终也没有使贾家有什么起色，死后甚至连女儿也保不住。

看看书中其他人物对凤姐的评价："于世路好机变，言谈去得。""心性又极深细，竟是个男人万不及一的。""少说着只怕有一万心眼子，再要赌口齿，十个会说的男人也说不过她呢！""从小几个妹妹玩弄时就有杀伐决断，如今出了阁，在那府里办事，越发历练老成了。""真真泥脚光棍，专会打细算盘。""天下都叫她算计了去。""嘴甜心苦，两面三刀。""上头笑着，脚底下使绊子。""明是一盆火，暗是一把刀。"这些熟悉凤姐为人的各色人对凤姐的评价，活脱脱现出了一个机关算尽太聪明的人物。然而，她这样一个十分精明的人，却落得孤家寡人，身心劳碌至死，最终又一无所得的下场，岂不正应了"聪明反被聪明误"那句话了吗？

凤姐比一般人更多地体验了痛苦的折磨，且不说她在背后遭骂、挨咒、劳心竭力，绞尽脑汁，连死时都很凄凉。倒是李纨，并不轰轰烈烈，并不劳心竭力，却落得干净自在，有人缘，中年时儿子功成名就。的确，王熙凤只知进，不知退，只知耍小聪明，不知道厚道待人，只知损人利己，不知深藏于密。甚至连自己的丈夫也数落她，背叛她，她实在是活得好苦好苦，而这一切的根源，却在于她的聪明和爱耍小聪明。因此，"谋身者恃其智，亦舍其智也"乃千古良训！

西方有这样一种说法，法兰西人的聪明藏在内，西班牙人的聪明露在外。前者是真聪明，后者则是假聪明。培根认为，不论这两国人是否真的如此，但这两种情况是值得深思的。他指出"生活中有许多人徒聪明，大糊涂，冷眼看看这种人怎样机关算尽，办出一件件蠢事，简直是令人好笑的。例如，有的人似乎是那样善于保密，而保密的原因，其实只是因为他的货色，不在阴暗处就拿不出手。……这种聪明的人为了骗取有才干的虚名，简直比破落子弟设法维持一个阔面子诡计还要多。但是这种人，在任何事业上也是言过其实，不可大用的。因为没有比这种假聪明更误大事的了。"

智有所缺，谋存其敌，慎之少祸焉。

[译文]

智计有它缺欠的地方，谋略存有它的敌手，谨慎使用才能减少祸患。

[解读]

俗话说，人外有人，天外有天。智计对更高明的智计而言，就不是什么智计了。这也决定了人们不能一味自恃智计，死不放手。

[案例]

清朝某县令：自以为高明，结果却丢了官

清朝某县令，在任上，没有一点政绩，但他自以为得意的是，不管哪一位上司到任，他总能竭力奉承讨得上司欢心，因此官位得保。

有一次，县令的一位同乡做了巡抚，他连忙赶去拜见。当时同僚都在场，他在官署的第二重正门起便唱名膝行至大堂，叩了无数个头，额上竟凸起个鸡蛋大的包。叩头完毕，他又从袖中掏出一颗金珠，偷偷放在巡抚座位之下，又匍匐不起。巡抚见状，脸有怒色，县官即俯首说道："大人是我的老子，我是大人的儿子，不周之处，大人只管训教。"巡抚越发生气，说："你欺我太甚！"把金珠扔在地上，喝令他站起。同僚见状便代为求情。巡抚说："你们都不知道，他并不是奉承巴结我，而是讥笑我呢。"众人都不大明白，巡抚便告诉他们说："我和他是同乡，一向知道他有惧内的毛病，每天早上，他穿好衣服在卧室外，向他夫人叩头问安；待夫人盥洗完毕，他便膝行趋伏在梳妆台前，趴在地上叩头无数次，然后取出金珠，献给夫人作首饰之资；夫人稍有不称心，他便双手伏地，只称请夫人训教，口中呼道：'夫人是我母亲，我是夫人儿子'，夫人怒叱之，他才战战兢兢地爬起来。刚才看这情景，竟如此相似，他简直是把我

比作女流之辈了，怎不令人发指？"众同僚方才明白，连忙退下。不久，巡抚竟罢了这个县令的官。

县令以善拍马屁自居，结果一拍不慎，竟拍到马蹄子上，这样的人，自以为高明，结果真是笑料百出。

聪明是人的一种长处，但聪明也会让人失了心性，致而糊涂。古人说："声色未必障道，聪明乃障道的屏藩"。意思是说，声色可能迷惑不了意志坚强者，但是，人的偏见、陋习却是很难自觉。自作聪明的危害大于声色犬马的诱惑啊！真正聪明的人会使自己的聪明深藏不露，或者不到刀刃上、不到火候时不轻易使用，他一定会貌似浑厚，让人家不眼红于他。"智有所缺，谋存其敌。"事物是复杂的，不顾客观实际，一味地遵循着自己的思路去考虑问题，卖弄点小聪明，是愚人的行为，是招灾引祸的根源。多点踏实，多点考虑，应是自作聪明者的座右铭呀！

智不及而谋大者毁，智无歇而谋远者逆。

[译文]

智慧不够却谋划大事的人只能失败，智计不知停止却谋求长远的人很难如愿。

[解读]

世事是瞬息万变的，一个人的智慧再高，也不可能虑及万年之后的事。这就要求人们不仅要有自知之明，量力而行，知止当止，更要时刻注意事物的变化，不要墨守成规，相信所谓的"不变定律""最高智慧"。历史上的成大事者都是颇有智慧的人物，这一点不可否认，但他们中的久远者却绝不是单凭智慧过人就能做到，他们顺应潮流，应和时变，不固执己见，当是此中真谛。

[案例]

唐人权皋：装死不做安禄山的幕僚

唐人权皋，安禄山请他做幕僚。权皋知道安禄山将造反，又因为这个人好猜忌，不能劝说，就想离开，又担心父母被连累。天宝十四年（公元755年），安禄山派他到京城献俘虏。他乘机拜访福昌尉仲谟，并私下约定用有病的借口找他。仲谟到后，权皋突然说不出话来，眼睛直视仲谟而"死"。仲谟为他料理了丧事，权皋偷偷地逃逸而去。官吏拿着诏书告诉他母亲，母亲以为他真的死了，便大哭起来，过路人都为她感动了。所以，安禄山没有想到这有什么问题，就把他的母亲送回去了。权皋在家里等着，母亲回来后就一起日夜往南逃。渡江之后，安禄山造反。天下的权臣人物都听说权皋这个人，争着要让他做自己的部下，后来颜真卿推荐他为行军司马，皇帝委任他为起居舍人，他都推辞不做。

聪明才智之士，当能上能下，能屈能伸，能进能退。就算你是条龙，该盘的时候也得盘起来；就算你是只虎，该卧的时候你还是得卧下来，这不叫懦弱，因为只要你心中觉得自己是条龙，那么即使盘起来你也不是虫；只要你心中觉得自己是只虎，就是卧下了也还是一只虎。真正聪明的人，懂得在什么形势之下糊涂地对待直与弯的差别，人能享富贵，必得能受贫穷，这样的糊涂才是真正的明智之举！

智者言智，愚者言愚，以愚饰智，以智止智，智也。

[译文]

对有智慧的人说智慧，对愚蠢的人说愚蠢，用愚蠢来掩饰智慧，用智慧来停止智计，这是真正的智慧。

[解读]

止是有着深刻内涵的。作为一种大智慧，它绝不是简单的停止无为。它是因时而变，出奇制胜的一招妙法，也是深合事理，退中求进的处世哲学。相对只知冒进、急功近利者，止的运用就尤显珍贵。

[案例]

康熙帝：伺机除鳌拜

康熙是清朝定都北京后的第二个皇帝，是我国封建社会后期具有雄才大略和远见卓识的政治家和谋略家。顺治十一年（公元1654年）三月十八日，玄烨出生于景仁宫，是顺治皇帝的第三子。从呱呱坠地起，即由乳母抚养。

年轻的顺治皇帝对这个刚刚出生的儿子并不喜爱，甚至有些冷酷无情。其原因不在玄烨本身，而在于顺治皇帝和他的生母佟氏的关系。玄烨的生母佟氏，是辽东汉人佟养真的孙女，而佟养真是清朝的开国功臣。

佟氏选入宫中，打破了清廷"后妃之选，例不及汉人"的旧制，目的是缓和满汉民族的矛盾，提高汉人的地位。因此，带有浓厚的政治色彩。但顺治皇帝在婚姻观上并不顾及政治因素，而追求纯真的爱情，所以佟氏并不得宠，玄烨自然也就不被父亲所重视。

在玄烨六岁时，有一天同他的哥哥福全、弟弟常宁一起入宫向父皇问安。顺治皇帝问起每个人的志向，常宁仅三岁，自然不能回答；福全以"愿为贤王"对，玄烨则回答说："待长而效法皇父，黾勉尽力"。顺治皇帝见他人小志大，遂初步"属意"玄烨做皇太子。两年后，顺治皇帝病逝，遗诏果然指定玄烨继承皇位，时年玄烨仅八岁。

顺治临死前，考虑到玄烨尚幼，遗诏命索尼、苏克萨哈、遏必隆和鳌拜四人为辅政大臣，共同辅佐年仅八岁的幼帝。辅政四大臣受命后，曾在顺治帝的灵前宣誓，要"协忠诚，共生死，辅佐政务。"

这四位顾命大臣当中，鳌拜桀骜不驯、雄鸷阴狠，权力欲和政治野心最大，也善于搞阴谋诡计。他自恃军功，专横跋扈，"意气凌铄，人多惮之"，甚至以"圣人"自诩，结权内外，多戮无辜。他经常在康熙面前显威慑众，或高声质询，或呵斥大臣，根本不把年轻的皇帝放在眼里。他还叫自己的儿子充任侍卫大臣，等于在皇帝身边安插了坐探。凡事均由他在自己家中定议，稍有不如他意的人，就被他置于死地，他先后矫诏诛杀了直隶总督朱昌祚、巡抚王登联、户部尚书苏纳海。康熙六年（公元 1667 年），索尼病故。十四岁的康熙"躬亲大政"。但是，当时鳌拜集团业已形成，他们结党营私，狼狈为奸，朝政仍然把持在他们手中，班行章奏均以鳌拜为首。苏克萨哈因见鳌拜骄恣日甚，心中很是不安，二人政见多有不合，因而积怨成仇。鳌拜就乘苏克萨哈申请退休之际，罗织罪名，加以构陷，必欲置之以极刑。康熙不同意，鳌拜竟然气势汹汹地攘臂上前，强争累日，竟将苏克萨哈处死。

据记载，鳌拜曾经托病不朝，康熙前去探视，发现在鳌拜的寝席上放了一把短刀。按规定，臣子面见皇帝时身边不能携带任何凶器。当时，康熙故意装糊涂，笑着说："刀不离身，这是满洲人的习俗。"这时，十六岁的康熙心里明白，再不能隐忍宽容了。但是，当时鳌拜集团的势力很大，他们的党羽遍布皇宫内外，如果明降谕旨，命令外廷逮捕，很容易酿成事端。因此，康熙采取了不露声色、等待时机的办法。第一步，他先把鳌拜的党羽以各种名义派往外地，以分削鳌拜的势力。第二步，把已故首辅大臣索尼的儿子索额图调到自己身边，出任一等侍卫。二人密谋了一条妙计，准备捉拿鳌拜。当时有一种从蒙古传来的游戏——布库，满语为"相斗赌力"之意，又称为"撩脚"，是一种扑击有力的游戏，在皇宫内外很流行。康熙让索额图有意识地从宫中侍卫和杂役中挑选出一批身强力壮、忠诚可靠的少年，让这些人每天和自己一起舞枪弄棍，练习摔跤踢打，每当鳌拜入宫奏事也不回避。时间一长，鳌拜也习以为常，康熙八年（公元 1669 年）六月十四日，康熙单独召见鳌拜。事前，康熙召集诸位侍从，进行动员部署。他问众人："你们都是我的股肱旧臣，你们是畏惧我呢，还是畏惧鳌拜？"众侍卫齐声回答："只畏惧皇上！"于是，康熙宣布鳌拜的罪行，命令立即擒拿他。当鳌拜大摇大摆地步入官门时，突然两边跳出一群少年，没等鳌拜站稳，一拥而上，把他掀翻在地，鳌拜还没反应过来是怎么回事，就已经成为康熙阶下囚了。紧接着，鳌拜的党羽也纷纷落马。

　　康熙智除鳌拜告诉我们：一个人只有到了能克制智慧，潜藏智慧，进而慎使智计的境界，才能在任何形势下应对自如，屹立不倒。

用势卷二

势无常也，仁者勿恃。

[译文]

势力没有永恒的，仁德的人不会依靠它。

[解读]

有权有势往往使人产生自大心理和骄躁心态，权势的光环使浅薄者无所顾忌，为所欲为。人们趋从权势或可以谅解，生存的现实常常让他们不得不低下头来，但有权势者若不摆正自己的心态，一味造势弄势，其后果就难以测度了。

[案例]

曹彬：荣宠日益高涨，就更加谦虚谨慎

曹彬是宋灵寿人，原本仕周，后归宋，授宣徽南院使、义成军节度使。曹彬归宋以后，屡建功勋。诸将在平蜀乱时，竞相争抢财宝，只有曹彬秋毫无犯。因此，宋太祖更加信任他。平定南唐凯旋时，曹彬只叫守门人报说是在江南办完公事回来。等到勋望一天比一天高，名望荣宠日益高涨，就更加谦虚谨慎，以保全自己的俸禄和职位。

曹彬每逢出镇藩（国门），卑躬待士，遇上计台巡视边疆，不管是朝籍省部派来的，还是地位低下的，都远远迎接，端着笏，不带随从，一个人站在路旁。使者见了，都感到惭愧和惶恐。客人和部属中，有人认为礼节太过分了，曹彬说："这是皇帝派来暗地观察我的人啊。"畏惧和警惕竟然到了这般地步！

凡造成大事的原因，莫不是因为千丝万缕的小事所致。如果不对事务时刻保持敏锐、警觉之心，往往会为失败奠定下不可扭转的原因。

曹彬是宋初比较有名的大将，他为官谨慎是必要的。自己是降将，名誉已不太好，如不谨慎，得罪了朝中权贵，就会受到谗言的攻击，甚至会失去生命。"满招损，谦受益。"不仅为官如此，就是为人，也应当如此。"势

无常也，仁者勿恃。"以势压人者一旦没有了权势，打回原形的时候他们就会让人唾弃，不值一文。所以，仁德的人并不追求易得易失的势力，纵是高高在上，他们也会小心谨慎，不事张扬，以德服人。

势伏凶也，智者不矜。

[译文]

势力埋伏着凶险，有智慧的不会夸耀它。

[解读]

权势是许多人眼红的东西，争权夺势而产生的悲剧从来没有平息。权势给人带来的好处是显而易见的，但它暗伏的隐患却也是最致命的。

[案例]

石显：恃宠放纵，最终郁闷而死

鹤立鸡群，称得上是卓尔不群了。但是，与鹏鸟相比，还是很小。再进一步与凤凰相比，则根本不能相提并论。所以，达人常常谦虚谨慎，真正有品德的人并不自夸。

　　有学识的人处于有权势的重要地位时，节操品德要刚正清明，心地气度要平易随和，不能放弃自己的原则，同结党营私的奸邪之人接近，也不能过于激烈地触犯那些阴险之人而遭其谋害。

　　汉元帝宠信宦官石显，朝政被石显把持。朝中有个郎官，名京房，字君明，东郡顿丘人。他精通易学，擅长以自然灾变附会人事兴衰。鉴于石显专权，吏治腐败，京房制定了一套考核吏法，用来约束各级官吏。元帝对这套方法非常欣赏，下令群臣和京房讨论施行办法。但是，朝廷内外多是石显羽翼下的贪官污吏，考核吏法，就是要惩治和约束这些人，他们又如何会同意推行呢？京房心里明白，不除掉石显，腐败的吏治就不可能改变。因此，他借一次元帝宴见的机会，向元帝一连提出七个问题，列举史实，提醒元帝认清石显的面目，除掉身边的奸贼。但是，事与愿违，语重心长的劝谏并没有使元帝醒悟，一点也没有动摇元帝对石显的信任。

　　虽然考核吏法不能普遍推行，但是元帝令京房推荐熟知该法的弟子做试验。京房推荐了中郎任良、姚平二人去任刺史，自己要求留在朝中坐镇，代为奏事，以防石显从中作梗。石显早就把京房视为眼中钉，正寻找机会把他赶出朝廷。因此，趁机提出让京房做郡守，元帝不知石显用心，任京房为魏郡太守，在那里试行考核吏法。郡守的官阶虽然高于刺史，但是没有回朝奏事的权力，还要接受刺史监察。京房向元帝请求魏郡太守不再隶属刺史监察之下，请求有回京奏事的特权，元帝同意了。京房还是不放心，在赴任途中三上密章，提醒元帝辨明忠奸，揭露石显等人的阴谋诡计，而且一再请求回朝奏事。元帝还是听不进京房的苦心忠谏。一个多月后，石显诬告京房与他岳父张博通谋，诽谤朝政，归恶天子，并牵连诸侯王，京房没有罪却被下狱处死。

京房死后，朝中能与石显抗衡的唯有前御史大夫陈万年之子陈咸。这时陈咸为御史中丞，总领州郡奏事，负责考核诸州官吏。他不仅是监察官，而且还是执法官，可以说是大权在握。况且陈咸年轻气盛，无所畏惧，才能超群，刚正不阿，曾经多次上书揭露石显的奸恶行为，石显及其党羽皆对他恨之入骨。在石显指使下，群奸到处寻找陈咸的过失，要乘机除掉他。

陈咸有一好友朱云，是当时经学名流。有一次，石显同党少府在五鹿设坛讲《易》，仗着元帝的宠幸和尊显的地位，无人敢与他抗衡。有人推荐朱云。朱云于是出名了，被元帝召见，拜为博士，没过多久出任杜陵令，后又调任槐里令。他看到朝中石显专权，陈咸势孤，丞相韦玄成阿谀逢迎，只希望自保。朱云便上书弹劾韦玄成懦怯没有能力，不能胜任丞相之职。石显将这事告知韦玄成，从此韦与朱结下仇恨。后来官吏考察朱云的时候，有人告发他讥讽官吏，滥杀无辜。元帝询问丞相，韦玄成马上说朱云为政暴虐，没有一点统治政绩。这时陈咸刚好在旁，于是密告朱云，并代替他写好奏章，让朱云上书申诉，请求呈交御史中丞查办。

但是，石显及其党羽早已控制中书机构，朱云的奏章被仇家看见并交给了石显。石显批交丞相查办。丞相管辖的官吏定朱云杀人罪，并派官缉捕。陈咸听说之后，又密告朱云。朱云逃到京师陈咸家中，同他商议脱险的方法。石显密探查知，马上报告丞相。韦玄成便以执法犯法等罪名上奏元帝，终将陈、朱二人拘捕下狱，判处服苦役修城墙的刑罚，消灭了两个心腹大患。

到了汉成帝时，石显失宠，很多他昔日的仇敌纷纷上奏弹劾他。石显终被汉成帝撵回老家，郁闷而死。正所谓树大招风，一个人的势力越大，他所面临的风险和潜在的敌手也就越多，何况势力的扩充总是以打压别人为前提的，不可避免地会有损他人的利益，进而制造出一个个"仇人"。有鉴于此，那些智者并不夸耀权势，方方面面都讲究低调：他们对权势的追求也不一味贪求无度，而是有节有制。

势莫加君子，德休与小人。

[译文]

势力不要施加给君子，仁德不能给予小人。

[解读]

权势和威仪是要因人而用的。君子高风亮节，不媚权贵，天生的傲骨和人格的正直决定了他们不会像小人那样，在势力面前低头。同样，小人的卑劣和无耻是仁德难以感化的，这个本性便要求我们不能抱有幻想，必须也只能以势打压。这也说明，用势上的进退和取舍往往因人而异，适时而动当是最好的选择。

[案例]

春申君黄歇：迷信佞小，殒身误国

春申君（公元前314年—公元前238年），本名黄歇，战国时期楚国公室大臣，是著名的政治家、军事家。

春申君的门客中有个赵国人李园。李园虽然其貌不扬，却城府极深，野心颇大。当时，春申君门下的荀况也是赵国人，很有才能，颇得黄歇的赏识。春申君攻灭鲁国时，让荀况担任了兰陵令。李园对此非常忌妒，总想找机会中伤、排挤荀况。荀况治理兰陵很有功绩，得到当地士人的敬仰，连考烈王都十分赞许他的能力。

李园了解春申君的为人，知道他对自己在楚国的地位很敏感，就借机对春申君说："历史上商汤以亳（今河南商丘市）作为根据地，周武王以丰（今陕西西安市西南）作为根据地，他们都凭着不足百里的地盘夺取了天下。现在，荀子是天下的贤人，如果您给他百里之地的权势，我认为这对您很不利。您看怎么办？"春申君考虑到荀况在楚国的名望确实很高，于是就派人婉言辞退了他。荀况离开楚国后去了赵国，赵国任命他为上卿。朱英获悉这件事后，焦虑地问春申君："从前伊尹离开夏朝，去了殷地（商朝发祥地），因此殷人称王而夏朝灭亡；管仲离开鲁国去了齐国，因此鲁国衰弱而齐国强盛。凡是贤人所在的地方，君主必定尊贵，国家必定兴盛。你辞退了荀况，难道是想楚国衰弱、赵国强盛吗？"春申君闻言大惊，赶忙派人到赵国召请荀况。荀况认为春申君独断专行，图谋私利，不是可以长期追随的人，就回信谢绝了。春申君虽然失去了荀况，却并没有因此责怨李园，反而将他看成了心腹。

考烈王没有儿子，春申君对此深感忧虑。李园便想利用黄歇将自己的妹妹李环进献给考烈王。一次，李园请假回家，故意过了期限才回。春申君问他误期的原因，他说："齐王派使臣来聘娶我的妹妹，我因为宴请使者，所以误了期。"春申君心一动，竟问："如果齐王还没有下聘礼，可不可以让我见见令妹？"李园闻之暗喜，即安排离亭之会，让李环亲近春申君。李环能歌善舞，巧于辞令，长得又很漂亮。春申君遂把她养入府中，备加宠幸。

过了两个月，李环有了身孕。李园觉得时机已到，就让李环蛊惑春申君献她入宫。李环假惺惺地对黄歇说："相国，您在楚国的地位是无比尊贵的了。可大王一直没有儿子，将来的王位就只会传给他的兄弟。您当权时间这么长，对大王的兄弟也多有得罪的地方。假如另立了新国君，能保证他会像大王现在这样敬重您吗？好在我已有了您的骨肉，别人还不知道。如果凭您的威望把我进献给大王，大王一定会宠爱我。如果上天保佑我生个男孩，那么将来就是您的儿子继承楚国王位。到那时，您又何愁没有尊贵的地位和显赫的权势呢？"利令智昏的春申君对李环的一番谎言竟信以为真。为遮人耳目，他另辟馆舍让李环居住，几天后将她献给了考烈王。

李环入宫后果然得到考烈王的宠爱，并生下一个男孩，取名熊悍。母以子贵，熊悍被立为太子，李环亦随之被立为王后。同时，李园因其妹的裙带关系也受到考烈王的重用。至此，李园的阴谋终于得逞。

李园利用春申君实现其阴谋后，既害怕春申君泄露机密，又想取代春申君的地位，于是暗中豢养刺客，准备谋杀春申君。

考烈王二十五年（公元前238年），考烈王得了重病。这时，朱英提醒春申君说："世上有料想不到的福分，也有料想不到的灾祸。现在你正处于难以预料的时刻，又怎么能够没有意想不到的人呢？"春申君问："什么叫料想不到的福分？"朱英答道："如今楚王病重，你可以像伊尹、周公那样辅佐幼主，摄政专权，等幼主长大了，再把政权交给他。否则，就自己当国君，楚国就归你所有了。这就是料想不到的福分。"春申君又问："什么叫料想不到的灾祸？"朱英答道："李园虽然不担任官职，但他却是国舅，而且暗中养了一批刺客。楚王一旦去世，李园一定会抢先入宫，根据预先的计谋杀你灭口。这就是料想不到的灾祸。"春申君又问："那谁是意想不到的人呢？"朱英说："你趁早派我当宫廷侍卫。楚王一死，如果李园抢先入宫，我就可以替你把他铲除。我就是意想不到的人啊。"但春申君此时已完全被李园兄妹所蒙蔽，他不相信一向谦恭软弱的李园会谋杀自己，只当朱英的警告是在危言耸听。朱英见春申君执迷不悟，担心祸及己身，第二天就离开了楚国。

十七天后，考烈王去世。李园果然抢先入宫，在宫门内外设下了埋伏。当春申君带着几个随从匆匆进入宫门时，埋伏的死士四起。刀光剑影，血肉横飞，顿时，春申君身中数剑，倒在一片血泊之中。随之，李园派人抄斩了春申君全家，又割下春申君的头颅扔到旷野之中。

曾经在故国的政治舞台上纵横捭阖、叱咤风云的春申君黄歇，临死都想不到自己会落个身首异处的下场！更想不到因他相信李园兄妹而给楚国带来的一场宫廷政变！

同年，熊悍继位，是为楚幽王（？—公元前 228 年），李园代春申君为令尹独持大权。公元前 228 年，幽王卒，熊犹（李环次子）代立，是为哀王。哀王立两个月，因李太后（李环）与春申君同居的隐秘泄露，负刍（考烈王弟）以此为借口实发动政变，袭杀了哀王及李太后，尽灭李园一家。这次内乱使楚国的内政陷入一片混乱，在外交上，也使楚国失去了在诸侯中的威信。楚国由此走向衰亡。负刍为王第五年（公元前 223 年），秦王政（嬴政，即后来的秦始皇）派王翦平楚，俘负刍，楚国灭亡。

司马迁写完《春申君列传》后，曾十分感慨地说：当初，春申君从劝说秦昭王与楚国订立盟约到豁出性命帮助太子完归楚是何等的聪明！后来受制于李园，可就太糊涂了。俗话说，"当断不断，反受其乱"。春申君是失策没有听取朱英的话啊！

其实，作为身居相位二十五年的楚国重臣，春申君从一开始就不应该把楚国推上一条军事战争的不归路。如果说，他曾经一度使楚国表现出了大国的强劲，不如说他只是利用楚国的余威达到了提高个人声望和权势的目的。当他在考烈王二十二年主持的那次合纵攻秦失败时，楚国就已成了强弩之末，国力已被消耗殆尽。那时，春申君就应该从楚国的长远利益着眼，效法吴起改革，积蓄国家的力量。可惜的是，他不仅没有为楚国的兴亡考虑，反而心怀不轨，被李园兄妹所利用，以致殃身误国！

　　春申君的一生是戏剧性的，而他的结局却又是个悲剧，这多少给后人留下了一些启示。

　　人们之所以经常被小人蒙骗，就是因为小人往往善于伪装，他们常常能说会道，口若悬河，不仅用动听的语言去打动别人，而且他们还能根据人的喜好，伪装出一副讨人喜欢的面孔，令真诚的人们对他们产生好感，进而达到他们不可告人的目的。但是，这种人往往缺少仁德之心，他们伪装的目的就是要获得想要的东西。而一旦目的被识破，这种人也是非常心狠手辣，往往不择手段地去对付你。所以，善于伪装的人是很可怕的，我们在生活中要小心那些巧言令色者对我们不利。人们常说"亲君子而远小人"，对小人一定要多加防备。

君子势不于力也，力尽而势亡焉。

[译文]

君子的势力不表现在权势上，以权势为势力的人一旦权势丧失，势力也就消亡了。

[解读]

势力的内涵是广泛的，对势力的不同认识直接主宰着一个人的行事方法和人生命运。品德低下，投机钻营的人会视权势为他们捞取好处、颐指气使的资本，一旦窃据便恃之为己谋利。飞扬跋扈，不可一世，其下场也就注定了不会善终。君子以德让人钦敬，他们的义举和善行深得人心，传之千古，是不会因之有无权势而消减的，这才是势力的真正含义，也是人们所能永久依靠的利器。

[案例]

蔡京：得势时权倾天下，失势死后连收尸的人都没有

宋朝的蔡京，是个"得势时权力比皇帝还大，失势时被流放死在僻远的地方"的人。

蔡京当上宰相后，鱼肉百姓，民怨丛生。他将搜刮来的民脂民膏尽情挥霍。他在崇宁元年（公元1102年）

命童贯在苏杭设立"造作局"，役使工匠数千人打制象牙、犀牛角、金玉、织绣等工艺品进奉朝廷。崇宁四年（公元1105年），他又命人在苏杭设立应奉局，主持收罗各种奇花异石和稀贵珍品，由水路运往汴京，作为修建皇家园林之用。每十船组成一纲，称"花石纲"。凡是百姓家有可供欣赏的一石一木，应奉局则命令健卒掠取，有时为了搬运出来拆屋破墙，不少民家为此弄得家破屋毁。

蔡京的生活以豪奢出名。他家的厨师分工很细。据《鹤林玉露》记载，有一位士大夫在汴京买得一妾，她自称原来是蔡京府中的厨人。一天，她丈夫要她做一顿包子，她说不会。丈夫问她，既然当过蔡太师的厨师，为什么连包子都不会做？她回答说："我只是蔡太师包子厨内负责加工葱丝的。"

一次，蔡京召集僚属到府中来议事，会后留下来饮酒，蔡京命厨师做蟹黄馒头招待。宴会结束后，府吏略算费用，一个蟹黄馒头费钱高达二三百文！

对于蔡京搜刮挥霍民膏的行径，百姓怨声载道，当时流行的歌谣唱道："打破筒（童贯），泼了菜（蔡京），便是人间好世界。"

宣和七年（公元1125年）十月，金兵大举南犯，镇守太原的童贯玩忽职守，弃城逃回汴京。徽宗惊慌失措，急忙将帝位传给儿子赵桓（钦宗），自己却带着一帮侍从、官僚到江南避难去了。在如此危急的时刻，士大夫们纷纷起来抨击蔡京等人专权误国的罪行，并将蔡京列为"六贼"之首。太学生陈东率诸生上书，指出今日之事系奸臣一手酿成，要求诛杀蔡京等六贼，"传首四方，以谢天下"。

靖康元年（公元1126年）二月，钦宗下诏将蔡京贬为秘书监，分司南京。后又接连将他贬为崇信、庆远军节度副使，最后将他贬到儋州。蔡京南窜途中，惶惶然若丧家之犬。他饥饿难忍，要购买食物，百姓听说是蔡京要买，都不肯出售。蔡京一路上遭到百姓的诟骂，围观之人不绝。最后，由州县官吏出面，才将人们赶散，骂声稍为平息。蔡京在轿中看到这番情景叹息道："想不到我蔡某失去民心竟到了这个地步！"

同年七月，蔡京行至潭州郊外东明寺而死，死前数日作词一首说："八十一年住世，四千里外无家，如今流落向天涯，梦到瑶池阙下。玉殿五回命相，彤庭几度宣麻，只因贪恋此荣华，便有如今事也！"这是蔡京的绝笔，也是这个老奸臣临死之前的哀鸣。他在穷途末路之时不胜凄凉地回顾了自己的一生，认识到这种可耻的下场是罪有应得的。

蔡京死后，人们拍手称快，数日内他的尸体无人营葬，后来被随行的人用青布草草裹尸埋葬。人们都说这是奸臣的报应。

　　蔡京得势时，权倾天下，无人能及；失势时却万分凄凉，死后连收尸的人都没有。由此可见，权出于天，但权并不是最高的。如果凭借权力搜刮百姓，中饱私囊，这样的人迟早会有蔡京一样的下场。一个高贵的人才能掌握统御他人的权柄，而这个权柄就是德性。所以，《荀子·正论》篇说："人具备了所有的德性，十全十美，所以也拥有权衡天下的器具。"

　　贵与贱并不是固定不变的，它们可以相互转化，今朝还贵为王侯，明日可能就会贱如布衣了。

　　扬雄在《解嘲文》中说："早上还大权在握当着卿相，傍晚就失去权势成了匹夫。"那些身居公卿高位的人，腰缠万贯，身穿紫衣，志得意满，气势很盛。但等到福去祸来时，"力尽而势亡"，坐牢流放，灾难便接踵而至。

小人势不惠人也，趋之必祸焉。

[译文]

　　小人的势力不会给人带来好处，趋附它一定能招致祸害了。

[解读]

趋炎附势的人大有人在。讨得一杯羹的心理和打算使许多人上了贼船，结果得不偿失，损失惨重。其实，小人势力是外强中干的，更是沾不得的，小人的为人和邪恶势力的本质，对任何人而言都是个陷阱，若心存侥幸和以为有靠山，只能成为他们的帮凶而引火烧身。认识不到这一点，人们就会迷失人生的方向。在人生的关键之处做出错误的抉择，贻误终生。

[案例]

马援：权臣来拉拢他的时候，总是推辞

马援（公元前14年—公元49年），字文渊，东汉初著名的将领，曾任伏波将军，被封为新息侯。建武年间，大汉初定，诸王纷纷来到京城，四处结交朋友贤士，以笼络人才，博取好的名声。马援身为武将，却很有政治头脑。他认为大汉朝初定，各方面的法律、政策都不完善，现在王子和大臣们纷纷结党壮大自己的势力，将来等到政局稳定，大汉天子一定会削弱各个王子的权力，以免他们结党作乱。于是，当有人来拉拢他的时候，他都保持低调，即使平日里和他关系不错的大臣和王子来笼络他，他不表明自己的意见，总是推辞说："我是一介武夫，朝政的事情我也不懂，我只知道大王让我打

到哪里，我就打到那里，况且我也老了，不想再费神考虑朝廷里的事情了，我还想安享晚年呢。"

　　这天，吕种又来拜见马援。虽然吕种是个文官，但是和马援很谈得来，与他相交多年，两人平日里经常相互拜访，喝酒谈天，是很好的朋友。谈笑间，吕种说起了自己的近况，他说自己目前结交了某个王爷，这个王爷很器重他，对他委以重任，还赏赐了他大量的金银珠宝。一边说一边显现出满足和兴奋的神情，并问马援："马将军，我听说也有不少的王孙贵族想要与您结交，您都不太乐意，说实话那些来找您的人真的没有什么发展前途，只有我的王爷才是最有实力的，王爷已经说了，如果能够得到您的支持，他将如虎添翼，并且一定会重用您的。"马援听到这儿，脸色立刻就变了，说："你我相交这么多年，又不是不了解我的个性，我认定的事情，谁来劝我都不起作用！"吕种知道自己有些冒失，吓得不敢说话。马援又说："作为至交，我倒是要劝劝你，现在这些王侯都在壮大自己的势力，而朝廷限制藩王势力的措施还没有建立起来，如果他们再这样广交宾客，那么以后势必会野心大涨，最终还是要被天子镇压的，你要多加戒备啊。"吕种不以为意，后来果然有人上奏，指控诸王的宾客搞叛乱，皇帝下命令逮捕他们，因此而受到牵连的人有好几千，吕种不幸也陷入了这场灾祸，这时他才悔悟，当初不该不听马援的劝说，可是现在后悔也晚了啊！他不禁感叹道："马将军，神人也！"

还有一次梁松和窦固也来笼络马援，并向他许诺，如果马援跟随他们，就将得到万贯家财……一副不可一世的样子。马援则说："对于普通人来说，富贵以后可能沦为卑贱，但是你们可就不能再变得卑贱了，你们可能因此招致杀身之祸啊。身居高位的人要始终把握好自己。你们好好想想吧。"后来，梁松果然因此而招致灾祸，窦固也未能幸免。

一切现象并不是按表象来发展的，要洞悉它的本质，才能防患于未然。

"小人势不惠人也，趋之必祸焉。"马援作为一个武将，却具有防患于未然的卓越远见，这是难能可贵的。

众成其势，一人堪毁。

[译文]

众多的人才能成就势力，一个人却可以毁掉它。

[解读]

势力的形成从来不是一个人单枪匹马便能做到的，它的影响力和辐射面也是有众多的人参与才能达到。由此看来，势力的扩充和运用必须注重人的选择，在这点上若不谨慎对待，用人不当，敌友不分，势必会造成连锁反应，引发整体的崩溃。正因如此，压抑势力的高涨，也是由择人的不易所制约的，如果盲目扩张、轻视人的因素，其后果往往是自取其辱，满盘皆输。

[案例]

荀瑶：欲"大有"，太偏激，祸及族人

志向和气节激烈昂扬的人，应当加强品性道德的修养来消融他偏激的性情。

人的一生离不开形势和位置的限制，而它们能决定人将来的走向和结果。所以，是否能顺应它们，按部就班去行事，关系到"大有"和"一无所有"两种完全不同的结果。春秋时期晋国权臣荀瑶的行为及其结局，就是很好的一例。

春秋末年，晋国的四大家族控制着朝政，国君形同虚设。在荀、韩、赵、魏四大家族之中，势力最强的是荀家。

　　荀家的当权者荀瑶是个极其贪婪之辈。他自恃兵强马壮，便想消灭其他三家，独霸晋国。荀瑶的谋士一致认为时机未到，向他进言说：“我们目前的这种强大，还没达到足以把他们三家全部消灭的程度，如果现在动手，万一他们联合起来，我们就是弱者了，恐怕连自保都难。不如暂缓此事，抓紧扩充实力，到那时一定可以成功。”

　　荀瑶急不可耐地说：“我们的强大是世人有目共睹的，他们三家若是日后强大起来，我们还有机会下手吗？我不会安于现状、坐失良机的。”

　　荀瑶便开始向三家索取土地，韩、魏两家敢怒不敢言，依照要求照办；赵家却坚决拒绝，不肯听命。

　　赵家当权者赵无卹这样对其手下人说：“荀家太欺负人了，他们无理索要土地，没有人会真心奉献。尽管我们弱小，只要有所坚持，韩、魏两家一旦改变主意，荀家就不足为患了。”

　　赵无卹的手下却没有这么乐观，其中一人劝他不要铤而走险，忧心如焚地说：“答应荀家的要求，祸患是将来的事；如果立即回绝，祸患马上就会降临。我们现在保命要紧，否则硬打硬拼，我们甚至可能会丧失一切，再难图存。”

　　赵无卹坚持己见，荀瑶一意孤行，于是荀瑶联合韩、魏二家共同攻打赵无卸，约定灭掉赵家之后，三家共享赵家的土地。

赵无卸连连失利，最后困守晋阳城。晋阳城兵精粮足，易守难攻，三家联军围了两年也没有攻下。后来他们采取水攻，引汾水灌城，眼见大水就要淹过城墙的时候，赵无卸派人潜入韩、魏两家军营，说服他们反叛荀家。赵无卸的人对他们说："荀瑶恃强凌弱，并非一两次。你们恐遭祸患，方才无奈出兵相助。如此一来，一旦赵家灭亡，荀家的实力增强了，你们岂不更会受其压迫？荀瑶志在灭我等三家。忍气吞声不是真正的自保之道，与其日夜恐惧被他吞并，不如大家联合起来，灭此大患呢？"

韩魏两家被说中了要害，经过一番思索，他们毅然倒戈，和赵家合力剿杀荀家。荀瑶不料有此突变，来不及采取任何措施，荀家兵团全军覆灭，荀瑶满门被诛，他的族人也无一幸免。

"众成其势，一人堪毁。"自命不凡的荀瑶之所以没能得到"大有"的结果，反而祸及族人，就是因为他一味贪心，不知给对手留些余地。

人们建功立业，当然希望取得圆满结果。而这一切的取得，当然不是随便就能得来的，关键还取决于能否把握和遵循事物的规律和方向。当然，这种遵循必须是积极的，尽力把它往有利的方向引导和利用。

强者凌弱，人怨乃弃。

[译文]

有势力的人欺凌弱小的人，人们怨恨他就会离弃他。

[解读]

无权无势受人欺凌的事屡见不鲜，受害者的遭遇令人同情，仗势欺人者遭人怨恨。仗势欺人者看不起小人物的力量，又轻视舆论的作用，这是他们的致命伤。要知小人物并不都是软弱可欺的人，他们拼起命来，舍生忘死，势力再大也会对他们防不胜防。人心向背也是一个人发展立足的决定因素，声名狼藉之人势力再大，终会在千夫所指中日渐瓦解。

[案例]

对任何人都不可轻易得罪

东晋陶潜在彭泽当县令时，没有将家属都带到城中，而是将自己一个做苦力的仆人送回家，给儿子们帮忙。同时，他又写了一封信给其家人，说："你们的日常费用很难自给，所以派一个仆人帮助你们打柴担水，他也是人家的孩子，你们应当好好待他。"

人是有感情的，你对他好，他自然心存感激。你对他尊重，他也会回报你，更敬重你。

世人都是平等的，虽然存在地位上的差别，但是也不能因为权重位高便不可一世，轻慢他人甚至是草菅人命，对待自己所雇用的人也应该以礼相待，不能无视人的尊严，践踏别人的人格。

做过美国总统的艾森豪威尔在第二次世界大战期间是盟军的主帅。有一次，他在凡尔赛与布雷德利和巴顿商谈完作战计划后，乘坐Ｂ—25型飞机回格朗维尔，但是这架飞机的一个消声器坏了，他不得不转乘一架Ｌ—5型飞机。这种飞机航程有限并且仅限乘坐一人。在途中又遇上了暴风雨，驾驶员迷了路，找不到跑道，汽油又快用完了，他们不得不在沙滩上迫降。艾森豪威尔跳下飞机帮助驾驶员把飞机推过潮水线，在潮湿的沙石上，他扭伤了膝盖。驾驶员帮助他一瘸一拐地走过盐滩到公路上搭车回到了格朗维尔。

这次艾森豪威尔伤得不轻，他不能到户外活动，只能用丁字拐杖在卧室内慢慢移动。卧床养伤期间，他的心情很坏，经常大发脾气。

就在这个时候，蒙哥马利明明知道艾森豪威尔伤势严重，但他仍要求艾森豪威尔前去布鲁塞尔商谈战事，他却不能到格朗维尔来。艾森豪威尔没有办法，只得拖着疼痛的病体飞往布鲁塞尔。

　　艾森豪威尔登上飞机已经很困难，走下飞机则根本不可能。作为下级的蒙哥马利登上飞机，一见面他便从口袋中拿出艾森豪威尔最近的指示，挥舞着手臂，激烈地把这个计划骂得一文不值，指责总司令欺骗他。言外之意说，是巴顿而不是艾森豪威尔在指挥战斗，要求把地面指挥权归还给他，并且宣称这份计划最后将导致失败。

　　蒙哥马利当着艾森豪威尔的秘书、参谋的面，将艾森豪威尔骂得个狗血喷头，可此时艾森豪威尔却默不作声，一言不发。然而，在蒙哥马利第一次停下来换口气的时候，艾森豪威尔欠着身子，把手按在蒙哥马利的膝盖上说："冷静点，蒙蒂！你不能这样对我说话，我是你的上级。"蒙哥马利嘟哝着说了几句道歉的话。接着他提出由第二十一集团军单独通过阿纳姆，直插柏林，并要求得到他所需的补给。但是，艾森豪威尔断然拒绝，并告诉他连考虑的可能性都没有。后来艾森豪威尔在他的工作日记中写道："蒙哥马利的建议很简单，就是把什么都给他，这是发疯！"

　　后来，艾森豪威尔和蒙哥马利经过商讨，达成了一致，制定了"市场－花园"计划。

　　蒙哥马利在公开场合大骂了艾森豪威尔一顿，艾森豪威尔对此并没有强行禁止，而是让他出够了气，然后再和风细雨地与他商量计划。如果当时他采用以牙还牙的方法对待蒙哥马利,那么后果不堪设想,盟军的团结可能会瓦解。正因为艾森豪威尔让蒙哥马利在公开场合出够了气,使他捞到一个大面子,他才静下心来同艾森豪威尔分析军事形势,最后形成了一个双方都能接受的作战计划,保证了盟军的团结协作。

有势力的人欺凌弱小的人,人们怨恨他,就会离弃他。无权无势受人欺凌的事屡见不鲜,受害者的遭遇令人同情,仗势欺人者遭人怨恨。仗势欺人者看不起小人物的力量,又轻视舆论的作用,这是致命伤。要知道小人物并不都是软弱可欺的人,他们拼起命来,舍生忘死,势力再大也会对他们防不胜防。所以,有远见的人越是有权有势,就越发谦恭和小心,对任何人都不会轻易得罪。

势极无让者疑,位尊弗恭者忌。

[译文]

势力达到顶点而不知退让的人让人猜疑,地位尊贵而不知谦恭的人使人嫉恨。

[解读]

权力场上争权夺势而演化的悲剧向来不绝，胜者王侯败者贼的功利主义和残酷事实促使此中人等费尽心机，赢得权柄。历史告诉人们，权力场上没有永远的胜利者，即使历经血战，登上高位，在四下环伺觊觎者的处境中，他还是充满风险的，随时有被拉下马的可能。这个时候，适时做些退让，略表一下谦恭，不仅可以化解一些人的敌对之心，更重要的是解除最高当权者的猜忌与树立良好的个人形象，可从根本上巩固权势。做不到这一点的人，尽管他貌似强大，其实却随时都可能毁于一旦，烟消云散。

[案例]

曾国藩：持盈保泰，裁军不辞官

含苞待放时的花最值得观赏，略有醉意的感觉最为美好。这其中蕴含着极为高妙的学问。而如果花已开得娇艳，酒已喝得烂醉，那么不但没有美妙可言，还会让人感到大煞风景。所以，事业达到巅峰阶段的人，应该好好想想这其中的含义。

一八六二年，曾氏家族处于鼎盛时期。曾国藩身居将相之位，曾国荃统领的人马达两万之众，曾国华统领的人马也达五千之多；曾国荃在半年之内，七次拜受君恩。尽管这还不是曾氏家族最为辉煌的时期，但面对如此浩荡皇恩，曾国藩早已心满意足，甚至有点喜出望外，他禁不住骄然慨叹："近世似此者曾有几家？近世似弟者曾有几人？"

他把自己的感觉和心情告知家人，又以自己的学识、阅历和权威规劝家人："日中则昃（太阳偏西），月满则亏。我们家现在到了满盈的时候了！"管子云："斗斛满则人概（削平）之，人满则天概之。"曾国藩以为，天之平人原本无形，必然要假手于人。比如，霍光氏盈满，魏相来平灭他，宣帝也来平灭他；诸葛恪盈满，孙峻来平灭他，吴主也来平灭他。待到他人来平灭而后才悔悟，就已经晚了。我们家正处于丰盈的时期，不必等到天来平、人来平，我与诸位弟弟应当设法自己来平。

曾国藩本来是一个虔信程朱理学的学者，不幸的是那个时代把他造就成了一代中兴名将。从一八五二年奉旨兴办团练开始，到一八七二年他死前的几年，他一直在过问军事。他仿照明代戚继光创建了一支不同于绿营军（官兵）的新型军队，这支军队纪律严明，战斗力强，为他立下了赫赫战功。然而，正当它处于威震四海的顶峰时期，曾国藩下令解散它。他为朝廷创建了一支军队，却为自己解散了这支军队。

曾国藩自从"特开生面，赤地新立"拉起一支从团练改编而成的军队——湘军时，便汹汹然地冲在对抗太平天国的最前列，此时他完全被维护皇朝的义务感和炫耀自己的功业心交融在一起。但在以后的征战生涯中，不仅战事棘手，屡屡受挫，而且也时常受到来自朝廷内部的多方掣肘，真可谓身陷炼狱，备尝艰辛，但他毕竟都咬牙坚持了下来。因此，当他在一八五八年再次出山时，则变得十分注意自我克制，特别注意调整自己和朝廷之间的关系，尤其注意历史上那些顾命大臣功高震主的问题。曾国藩时常提醒自己要注意"富贵常蹈危"这一残酷的历史教训，他更清楚"狡兔死，走狗烹，飞鸟尽，良弓藏，敌国破，谋臣亡"的封建统治之术。只有推美让功，才能持泰保盈。

当天京合围之后，李鸿章、左宗棠先后攻下了苏、杭，五万大军陈兵于天京城外，却难以将天京攻下，来自朝廷上下的各种议论纷起，这不能不引起曾国藩的注意和思考。尤其是在与沈葆桢争夺江西厘金问题上，更引起他的警觉，他已十分清楚地意识到，朝廷有意偏袒沈葆桢而压制自己，使之处于极难的处境之中。

在攻克天京前，曾国藩对于如何处理大功后他所面临的政治危机，已有了充分的思想准备。当天京陷落的消息传至安庆以后，他更是绕室彷徨，彻夜思考，对于可能出现的种种情况进行预测并作出相应的处理。

当曾国藩从安庆赶到江宁的时候，持盈保泰的解决方案已完全成熟，那就是裁军不辞官。

曾国藩在攻破天京后，皇帝封他为一等毅勇侯，世袭罔替。他是事实上的湘军领袖，凡是湘军出身的将领，无论是执掌兵权或出任疆吏，都视他为精神和思想上的领导者，而湘军在裁遣之后，被裁者多至数万，功名路断，难免有很多人心怀不满。

曾国藩如果在此时请求解官回籍终制，皇帝当然不能不接受他的要求，但如他在回到乡间之后，以一个在籍乡绅的地位，忽然为一群图谋不逞之人所挟制，并被奉之为领袖人物，即使曾国藩知道如何应付，而对朝廷来说，也仍然不是保全功名之道。如果朝廷怀有过分的恐惧，以为曾国藩之辞卸官职，正表示他有不愿继续为朝廷效力的意愿，那就更容易发生不必要的猜忌了。

所以，曾国藩在此时一方面自动解除兵权，一方面留在两江总督任上继续为朝廷效力，他的这种做法无疑正是使朝廷绝对放心的最好办法。试看他在两江总督任内因奉旨剿捻而不以劳苦为辞，逢到军事失利，立即趁机推荐李鸿章自代，亦无非仍是远权势而避嫌疑的做法，不过在表面上不太显露痕迹而已。至此，我们当然要相信曾国藩之功成不居与远嫌避位，正是他的一贯作风了。

"势极无让者疑，位尊弗恭者忌。"曾国藩自动裁撤湘军，是在退一步为自己谋出路，也可以说是谋条生路，其"该退则退"的做法真的非常值得人们效仿和学习。

《列子·仲尼》中有段精辟的比喻，列子说："眼睛将要失明的人，先看到极远极微小的细毛；耳朵将要聋的人，先听到极细弱的蚊子飞鸣声；口将要失掉味觉的人，先能辨别极微小的雨水滋味的差别；鼻子将失掉嗅觉的人，先嗅到极微小的气味；身体将要僵硬的人，先急于奔跑；心将糊涂的人，先明辨是非。所以，事物不到极点，不会回到它的反面。"

这是在告诉我们，无论做什么事情都不能欲望太强，贪婪只会迫使人们走上绝路，而见好就收往往能给人们带来更大的利益，这是做人最基本的常识。人生总会面临无数次的选择与无数次的放弃，在选择与放弃之间，必须正确地权衡利害关系，否则只会置自己于进退两难的境地。

因为"月盈则亏，物极必反"是天理循环的规律，也是处世的盈亏之道。做人应该遵循这一规律。

势或失之，名或谤之，少怨者再得也。

[译文]

势力有时会失去，名声有时会遭诽谤，少发怨言的人能失而复得。

[解读]

在挫折面前，在遭人污辱面前，人们的态度和反应是不同的。有智慧的人处变不惊，不怨不弃，不做无用的争辩和蛮干，事实往往证明这是最有效的反攻之道。暂避锋芒和理智务实，并不是无勇怯懦，它可以使人远离矛盾的中心而不激发更大的打击。相反，那些反应敏感，认不清形势的人，在怨天尤人时不仅于事无补，也会让人抓住把柄，穷追猛打便接踵而至了，非置其死地而后快。如此，他们也就再没有翻身之日。

[案例]

诸葛亮：太太阿丑送给他一把扇子挡住表情

诸葛亮的太太叫阿丑，据历史记载，她是长得非常丑的一个女人，但是很有智慧。诸葛亮去他岳父家里的时候，由于那时的女子是不能出来见客的，于是阿丑便躲在屏风后面。诸葛亮在外面跟他的岳父谈军事、谈政治、谈未来、谈理想、谈人生。阿丑看到诸葛亮谈到孙权时眉开眼笑，谈到曹操时则面色沉重。等诸葛亮走的时候，阿丑出来送他，并送了一把扇子给他。

诸葛亮说："为什么送把扇子给我呢？"

阿丑说："我看你跟我父亲谈话，谈到孙权时眉开眼笑，谈到曹操时就面色沉重，所以把这把扇子送给你。从今以后，当你开心或不开心的时候，就把扇子放在脸上挡住你的表情，不要让旁边的人看见你的情绪。"

"势或失之，名或谤之，少怨者再得也"，适度地隐藏自己的思想和情绪是智慧的体现。如何将"喜形于色"变通为"不动声色"，如何将浅薄、简单，练就为胸有成竹，学会隐藏情绪是必须做到的第一步。所以，我们要学会隐藏自己的情绪，不但在得意时不能忘形，愤怒时也需要学会控制情绪。当然，这有一定的难度，说来简单做来很难，但这是一种修为，对我们日后的处世很有好处。

势固灭之，人固死之，无骄者惠嗣焉。

[译文]

势力一定会消失的，人终究会死亡的，不骄纵的人才能惠及子孙。

[解读]

明晓人生、认知世事的人，在任何事情上都不会走上极端，不虑长远。他们知道万事的本质和发展趋向，在为己谋划的同时，更把目光放在身后，为自己的子孙后代留下福泽。这就要求人们在有权有势时，不能忘乎所以，切勿轻信势可传家、权可相承的说法。只有良好的品德、美好的善行才是最可信赖的，真正惠及子孙的。

[案例]

上官桀：父骄而子傲，终于败家

西汉的上官桀，年轻时只是个小小的羽林侍郎。由于接近皇帝，一次偶然机会使他发了迹。

一天，他跟随武帝到甘泉宫，路上恰遇大风雨，辇车无法前进，车盖也被刮得东倒西歪，使帝驾无法避风雨。于是上官桀把车盖解下来双手擎着以护驾，大风大雨持续了好长时间，他始终勉力用车盖挡住风雨以护驾。

事后，武帝对他的臂力感到很惊奇，升迁他做了未央厩令，负责喂养马匹，仍是个不大的官职。但他善于阿谀逢迎、巧言令色，随时为自己寻找升迁的机会。

有一次，武帝生了一场病，病好后见许多马匹都很瘦弱，就对他大发脾气道："你以为我再也不能来看我的马了吗？"并打算把他交付审判。

上官桀磕着头说："我听说圣体不安，日日夜夜都在忧伤着，确实没有心思再去喂马了。"边说边涕泪横流。

武帝大为感动，认为他很忠诚，从此便格外亲近、宠幸他，封官赐爵至太仆，位在霍光之上。武帝临终遗诏命霍光任大将军辅少主，以上官桀为副。自此之后，上官桀的骄横日甚一日，仗着孙女儿是皇后，开始与霍光争权。此人正是所谓得运乘时、幸致显宦而自骄自满者。

其子上官安由于家庭中的耳濡目染，加上因为是皇后之父而封侯升官，于是由骄横而淫乱再而作恶多端。在宫殿上受到赏赐，出来后便骄示于人："刚才和我的女婿一起喝酒呢，好开心哟！"他常常喝醉了酒，光着身子在内室走进走出，淫乱无度，连他父亲身边的妻妾也不放过。

上官桀、上官安父子由极骄极满终至要杀害霍光，废皇帝而自立，最后被朝廷灭族。此乃父骄而子傲，终于败家的典型例子。

古往今来因骄横而奢侈、淫逸、放荡，以至于无恶不作，终致危险败家的事例数不胜数。其中许多是父兄骄，子弟也骄；也有父兄并不骄，而是疏于管教子弟，致使其因骄横而倒行逆施乃至丧身灭族。因此，一个人在有钱、有权、有势的情况下不要张扬，不要忘乎所以，不要得意忘形。势力不会长久存在的，人也终会死去，不骄纵的品德才能惠及子孙。

利卷三

惑人者无逾利也。

[译文]

没有比利益更诱惑人的东西了。

[解读]

在利益面前，人们总是不肯退让的。利益可以驱使人们做出自己都意想不到的事来，甚至以身试险，不择手段。对利益的追求无可厚非，问题是如果偏离了正常轨道，只是就利言利，见利就争，什么利都想占为己有，势必会违法乱纪，多树强敌，使自己陷于孤立的泥潭，不能自拔。在利的诱惑下，人们如果丧失理智，心存贪念，就会步步走向沉沦。

[案例]

韩信：悲剧在于对名利的在意与追逐

人的一生非常短暂，短暂得如同用铁击石所发出的火光，瞬间就会消失，而在如此短暂的生命中争夺名利，能够有多少时间呢？人类在宇宙中所占有的空间非常狭小，小得就如同蜗牛角那么一点，而在如此狭小的地方你争我夺，能够有多大的世界呢？

韩信是一位军事天才，受到了时人及世人的一致推崇，帮助刘邦在建立汉朝的过程中立下了不世之功。

萧何向刘邦推荐了韩信，刘邦出于对萧何的了解和信任，力排众议，拜韩信为大将。韩信登台拜帅后，向刘邦谈论了统一天下的大计。

刘邦向韩信请教："萧丞相极力举荐将军，不知将军能教给我什么高明的计策？"其实，说是请教，倒不如说是考察。

韩信先谦虚了几句，突然反客为主问刘邦："请问大王，与您争夺天下的对手是不是项羽呢？"刘邦爽快地回答："是的！"韩信又问："大王您自己估计一下，您与项羽比有多少优势呢？"这个问题未免过于尖锐，既令人无法回避，却又难以回答，一时陷入尴尬的局面。

刘邦一向大度豁达，沉思片刻说："我不及项羽。"韩信看到刘邦能正视自己的弱点，并且在部下面前毫不隐讳，很高兴地说："大王与项羽相比不是没有优势。项羽英勇强悍、为人仁义、势力强大，这是他的优点，但是他也有弱点：他虽然勇猛善战，却不知道任用手下有才干的将领，所以他的勇猛只是匹夫之勇；项羽待人接物言语温和，恭敬有礼，却不知道封赏立功的将士，所以他的仁义是妇人之仁；项羽虽然称霸诸侯，却不知占据关中这一根本之地，所以他并不能彻底平定天下；项羽违背义帝之约，私自分封诸王，天下必不安宁，纷争会很快出现，项羽大军所过之处皆城毁人亡，百姓对其恨之入骨，所以他不得民心。因此，项羽的强大是表面的、脆弱的。"在场众人不住点头，刘邦也频频捻须点头，韩信接着说："大王只要反其道而行之定能战胜项羽，您虽没有项羽那般勇猛，但是只要您重用手下大将，把所得城池分封给他们，这些人定会感恩戴德、拼死效命，大王重返关中是师出有名，是正义之师，而且您的部下都是太行山以东的人，思乡心切，定会拼死去战。现关中的三位秦王是秦朝降将，他们率领二十万士兵投降项羽，结果全部被活埋，所以关中百姓对这三个人恨之入骨；大王入关时，秋毫无犯，曾与关中百姓约法三章，所以关中百姓都希望大王做关中之主。况且，怀王曾有言在先，先入关中者即为关中之主，项羽仗势违约，所以关中百姓深恨项羽。如果大王先取关中，然后以关中为依托，再与项羽争夺天下，进可攻退可守，何愁项羽不灭，天下不定！"一番宏论说得刘邦拍手称好！果然，韩信在帮刘邦统一天下中，屡出奇计，立下了汗马功劳。

在韩信替刘邦扫除各路英雄之时，也是自己悲剧的开始。乱世出英雄，蒯通是韩信手下一个不出名的谋士，但他把当时天下的形势看得一清二楚。他看到了韩信在楚汉相争中是一位举足轻重的人物，便想说服韩信脱离刘邦自立为王。于是，他拜见韩信说："我学过相术，相君之面，不过封侯；相君之背，则贵不可言。"韩信觉得蒯通话里有话，就把他带入密室问道："卿之所言，是何用意？"蒯通认真地向韩信分析道："自陈胜、吴广而起，群雄纷争，人才云集，项羽于彭城起兵，攻无不克，战无不胜，威震天下，今困于广武，进展艰难。刘邦率众数十万据有巩洛之地，兵精粮足，山河险要，却不能建尺寸之功，反连遭失败。今天下大势，有贤能者，既能息争，将军如助汉则汉胜，助楚则楚王，楚、汉两主的性命，就操在将军手中，将军何不乘机崛起。脱离楚、汉之争，谁都不助，自立为王，三分天下，鼎足而立，静待时机。以将军之才，又据有强齐之地，拥甲兵数十万，并吞燕赵，乘势西进，天下谁人不服。将来分割天下，分封诸侯，诸侯皆感德畏威，争相朝齐，岂不是霸王之业吗？臣闻天与不取，是违反了天命，反受其咎；时至不行，是不用其时，反受其祸。愿将军深思熟虑，勿失良机！"蒯通虽然只是韩信的一名普通谋士，却能把天下大势分析得相当透彻。他把韩信的优势都一一列出来，劝他自立为王。韩信考虑了一夜，第二天给蒯通的答复是："汉王待我甚厚，我怎好背叛他呢？"蒯通见韩信为忠义恩惠所绊，继续说："越大夫文种，助勾践复国灭吴，对勾践有再造之功，尚且被杀，莫忘了兔死狗烹之论。请问，将军之忠，恐怕比不过文种吧！况且功高震主，往往自危，功盖天下，往往不赏，今将军已蹈此辙，归楚楚不信，归汉汉必惧，那又到何处去安身？"韩信听了他的这一番话，觉得十分有道理，但还是下不了决心，不知怎么办好，他对蒯通说："先生不要再说了，待我深思后，再作决定。"蒯通见说动了韩信，便告辞了。

蒯通静候数日，仍不见韩信有任何音信，有些着急，又去找韩信，说道："时间紧迫，希望将军速作决断。"岂知，韩信已下定决心，不背叛刘邦，当即答道："先生不要再说了，我决定不负汉王。我侍奉项王时，官不过郎中，位不过执戟。归汉王后，汉王授我大将军印，又封我为齐王，我怎能负之。我曾替汉王擒魏豹、平赵、定燕、灭齐，战功颇多，汉王定不会负我！"蒯通听后，长叹一声，知再说无用，于是转身退出。

　　按理说，这是韩信脱汉自立的一次绝好机会，他本人勇略超群，又手握重兵，占据齐地，有条件自立为王，蒯通又是一位很有远见的谋士，有这样的人为他出谋划策，他还有何可惧？可以说，天时、地利、人和都具备了，而他却优柔寡断、胆小懦弱，想反又不反，也不敢反，白白错过了一次良机。

　　韩信在统兵打仗上干脆利落、谋策超群，让人不得不佩服，但如何为官，如何长久立足于朝廷却实在不高明，处处被动！其实，刘邦对韩信只是利用而非重用，用他的智慧帮自己打天下，但一刻也没放松对韩信的监控。项羽兵败自杀后，他的好多部下都逃亡在外，其中钟离眛就是一位，被逼得走投无路，就奔往韩信处，韩信念其是旧交，就把他给藏了起来。不久，这件事被刘邦知道了，他认为韩信勾结钟离眛谋反。于是，下旨命韩信把钟离眛速速押解进长安。韩信接到圣旨后，不忍把老朋友交出去，否认钟离眛在自己这里。刘邦听完回报，不觉大惊，认为韩信拥有重兵，违抗圣旨，有反叛迹象。

　　刘邦召集群臣，商议对策，后来纳陈平之计，佯称游览南方云梦泽，并在陈地会集诸侯，韩信到时必来，然后趁机捉住，刘邦遂依陈平之计。

韩信得知刘邦出游之举，心中不免犹豫，知自己虽然功劳大，但收留钟离眛之事，已被刘邦察觉，他想不去迎驾，又恐失礼，罪上加罪，如去迎驾，又恐遭不测，犹豫不定。属下见他神色忧郁，有人建议，不如把钟离眛绑了，送给陛下，了结此事，韩信认为此话有理，却难以下决断。钟离眛看出了韩信心理，便诚恳地对他说："刘邦本来对你就有戒心，他之所以不敢轻举妄动，就是怕我二人联合对付他。你如果把我绑了送与刘邦，他今朝杀我，那么明日，他也会杀你。"说完，见韩信毫无反应，便嗟呼长叹："你是个成事不足、败事有余的懦夫！我真不该来投奔你。"说罢拔剑自刎。

韩信见钟离眛自杀，割了他的人头，献给了刘邦。刘邦一见韩信，不容分说，当即将其拿下。此时韩信感慨万千，叹道："人言，狡兔死，走狗烹，飞鸟尽，良弓藏，敌国破，谋臣亡，今我当如此。"

后来，刘邦虽说有人密报韩信谋反，但没有证据，加之韩信有功于朝廷，恐怕群臣有看法，于是将他放了，由楚王降为淮阴侯，以示警告。

人在失意时，往往会思前想后一番。此时的韩信似乎有些悔意，一是后悔不听蒯通之言，如果当初依蒯通之计行事，那现在自己将会是另一番光景。二是不该不听钟离眛的劝告，如果按钟离眛的意见去做，绝不会像今天这样倒霉，只因自己性格优柔，缺少果断，两次机会都失掉了。结果不但未发迹，反而被软禁，这绝不是天意，而是自己一手造成的。

后来代相陈豨谋反，约好与韩信里应外合。刘邦带兵亲征，临行内事委吕后，外事委萧何。不料韩信与陈豨串通之事被吕后察知了，吕后闻听大惊，忙找萧何商议对策。议妥，欲将韩信骗进宫中再行擒获，韩信果然中计遭擒。吕后怕夜长梦多，下令立即将韩信斩首。临刑，韩信仰天长叹："我不用蒯通之计，反被女子所杀，这岂非天命？"

韩信虽是战场的常胜将军，却不通官场之道，最终为吕氏所杀。韩信灭齐后，就该休整一番，马上挥师西进与刘邦夹击项羽。但是，韩信却没有马上进兵，而是要求刘邦封自己为齐王，岂不知，就是因为他追逐权势、地位，而犯了功高震主的大忌。刘邦见了韩信的使者破口大骂，后经张良的提醒，又改口封韩信为齐王，命他马上进兵，由此君臣之间已有了芥蒂，为韩信的悲剧埋下了伏笔。

"惑人者无逾利也。"韩信的悲剧还在于自己对名利的在意与追逐。早在刘邦建立汉朝后，大宴群臣，酒席间，君臣天南海北纵情畅谈，刘邦问韩信："你看我能领多少兵？"韩信说："几万而已。"刘邦接着问："你能带多少兵呢？"韩信答道："多多益善！"虽是实话实说，却使得刘邦隐约有些不快。甚至在更早的时候，刘邦就已经对他的才华有所嫉妒，而产生了猜忌之心。如果韩信能够轻视名利，早日发现自己已经是身处悬崖边上，那么悬崖勒马尚还有救，但韩信虽然是人才的谋士，战场上的枭雄，但是仍然无法逃脱名利的束缚，最终落得个悲惨下场。

利无求弗获，德无施不积。

[译文]

利益不追求，就不能获得；不施舍仁德，就不能积累福泽。

[解读]

利益的取舍，折射出人们的思想境界和见识高低，也从根本上决定了一个人的发展前途和事业成败。在庸俗者眼中，仁德是不值分文的，名声也是可有可无之物。为此，他们只重实惠，不计其他，更不愿有让利之举。事实上，明智之人的作为既能惠人，又可惠己，仁德往往是最大的利益。它给人带来的好处是其他事物无法相比的，在这方面有所缺失，当是最大的憾事和失策。

[案例]

范蠡：三次散尽家财，又三次重新发家

范蠡是越王勾践的谋士，知识渊博，精通兵法，与孙子、张良齐名。他与当时另一个赫赫有名的文种是辅佐越王勾践成为"春秋霸主"的两个关键人物。

在范蠡的一生中，他曾经"三掷千金"——三次散尽家财，又三次重新发家。

勾践称霸中原后，封范蠡为大将军，但范蠡居安思危，视权势为祸害，他知道越王勾践为人心胸褊狭，"只可与之共患难，不可与之共安乐"，便坚决辞官不做，于是装上轻便的珍珠宝玉，其他的散发给当地的老百姓，和家人（携上西施），驾一叶扁舟，泛舟过海来到齐国，自称鸱夷子皮，在海边耕作，从事商贸。

由于范蠡经营得法，没过多久，财产已经无法计数。齐国人都知道他的贤能，便邀请他做丞相。范蠡却不肯，散尽财产，悄悄离去，来到陶地安居。

陶地是天下的交通中心、贸易重地，他善于等待时机，贱买贵卖，每次只追求微薄的利润。没有多久，财产又累计达到百万，富可敌国。这时候，范蠡又一次把自己的财产分给当地的百姓，自己只保留少量的店铺继续做生意。

再后来，范蠡将生意交给儿子，而自己每天与西施泛舟五湖，尽享人间之福。这样的美满收场，不就是因为范蠡明白"德无施不积"，有"立业而思重德"的先见之明吗？

众逐利而富寡，贤让功而名高。

[译文]

追逐利益的人众多但富贵的人却很少，贤明的人出让功劳但他的名望却有增高。

[解读]

求取利益的学问博大精深。其实，归纳起来也并不复杂玄奥，那就是当进则进，当止则止，既不能急功近利，贪得无厌，也不能消极无为，心如止水。在

此能做到恰到好处是十分不易的，有大智慧肯辞让功
劳的人也是很少的，人们的势利和短视使大多数的人
失去了出人头地的机会，盲目地占有和狭隘的自私更
使人因小失大，难成大器。

[案例]

龚遂：没有出风头，而是将功劳都归于皇帝

西汉时期，宣帝刘询在位的时候，渤海及邻近各郡
连年饥荒，盗贼蜂起，郡太守们也没有能力制服盗贼。
宣帝要选拔一个有能力的人治理这些地方，于是丞相御
史推荐了龚遂，宣帝就任命龚遂为渤海郡太守。

当时龚遂已经七十多岁了，皇上召见他时，见他身
材矮小、其貌不扬，并没有什么特别之处，对他就有些
不信任。

宣帝问龚遂："你能用什么办法平息盗寇呀？"龚
遂回答说："辽远海滨之地，没有沐浴皇上的教化，那
里的百姓处于饥寒交迫之中，但是官吏却不关心他们，
因此那里的百姓就像是陛下的一群顽童，拿了陛下的兵
器在小水池边舞枪弄棒。现在陛下是想让臣把他们镇压
下去，还是去安抚他们呢？"

宣帝说："我选用贤良的臣子任太守，自然是想要
安抚百姓的。"龚遂说："臣下听说，治理作乱的百姓

就像解一团乱绳一样，不能操之过急。臣希望丞相、御史不要以现有的法令一味地束缚我，允许臣到任后依据实际情况灵活处理。"宣帝答应了他的请求，派龚遂到渤海郡去当太守。

龚遂到任之后，渤海郡的官员派军队前去迎接。龚遂把他们都打发回去了，并向渤海郡所属各县发布文告：将郡中追捕盗贼的官吏全部撤免，凡是手中拿的是锄、镰等农具的人都是良民，官吏不得拿问，手中拿着兵器的才是盗贼。

闹事的盗贼一看官府没有追究下去，立即散伙，丢掉武器，拿起镰刀、锄头去种田了。

龚遂任太守的那几年，渤海一带社会安定，百姓安居乐业，龚遂的名声也传得很远。

汉宣帝召见龚遂还朝。这时候，一个属吏王先生请求随他一同去长安，王先生说："我肯定会帮你的，请相信我。"其他属吏都不同意王先生跟着走，因为这个王先生整天喝得醉醺醺的，还爱吹牛。但是，龚遂说："带上他吧！我还是相信他的。"

到了长安后，这位王先生终日沉溺在喝酒中，并不见龚遂。

有一天，他听说皇帝要召见龚遂，就对看门人说："去将我的主人叫到我的住处来，我有话要对他说！"龚遂听后并不生气，真的来到了他的住处。

王先生问龚遂："如果天子问你是如何治理渤海的，大人打算如何回答呢？"

龚遂说："我就说我任用贤才，使人各尽其能，严格执法，赏罚分明。"

王先生连连摇头说："不对！不对！你这么说，将皇帝的功劳置于何处呢？请大人这么回答：'这不是臣的功劳，而是被天子的神灵威武所感化！'"

龚遂接受了他的建议，按他的话回答了汉宣帝，宣帝果然十分高兴，将龚遂留在身边，还升了他的官职。

"贤让功而名高。"龚遂之所以得到了皇帝的重用，因为他听从下属的建议，自己没有出风头，而是将功劳都归于皇帝，这样皇帝怎么能不高兴呢？

明明是自己立下的功劳，却要让给他人，很需要胸怀和风格。这样的人除了故事中的龚遂，还有东汉名将冯异。他曾帮助光武帝平定天下，但到论功行赏时，其他人拥到皇帝面前表功、争功，他却远远地站在一棵大树下，后人尊称他为"大树将军"。

平心而论，功名利禄，人人向往。争功是人之常情，虽不高尚，但可以理解；贪功乃小人之行，品格低下，心胸猥琐；让功是君子所为，高风亮节，胸襟博大，堪为楷模，流芳百世。

利大伤身，利小惠人，择之宜慎也。

[译文]

拥有的财利过大容易对自身造成伤害，小的利益则会给人带来好处，选择它们应该慎重为好。

[解读]

人们的贪心和不知足，往往使人求大求全，从不停歇。好高骛远之人更自不量力。一味幻想大功一日可成，而不做扎扎实实的脚下功夫，许多人的失败都是这样产生的。在利益的诱惑面前，若没有清醒的头脑和克制的态度，是极易掉进虚妄的陷阱的，到头来事与愿违，一事无成。

[案例]

石崇：钻石王老五死于太有钱了

人不能有贪婪的欲望，当这个欲望产生的时候就会蒙蔽自己的双眼和心灵，原本刚直的性格变得软弱，原本聪明的头脑就会被蒙蔽得很昏庸，原本慈悲的心肠会变得很残酷，原本纯洁的人格会变得很肮脏，最后毁了自己一生。古人云："做人不能太贪，否则将不能成就大事。"

有些人为了自己的私欲会不惜任何代价，这样的人即使拥有家财万贯，也不值得我们尊敬。正所谓：来的正，黄金美玉不嫌轻；来的不正，一瓢一饮也算重，你说是不是呢？

人都有欲望，我们都在索要自己的东西，方法得当将会得到一切，否则也许会丢掉性命。

西晋太康年间的石崇这个人就是太有钱了点儿，一不小心上了富豪榜，就上了"杀猪榜"，只好引颈受戮了。

晋武帝时期，石崇是世家子弟，曾任荆州刺史，长袖善舞，手伸得很长，他手下多个实业公司都分拆海外上市了，金银如山，珍宝无数。他干脆提前退休，不领朝廷那么点公务员工资了，光是吸纳股民散户的钱就够他吃上十辈子了。

太康初年，石崇出使交趾，也就是今日的越南，去视察他的家族企业运营状况。途经白州的双角山，碰见了一位美女正在吹笛子。美女石崇见多了，但那时的女孩要想出人头地，一般都考了好多个证，如注册精算师、注册会计师、高级口译、金融分析师这样的名头，以亲近像石崇、王恺这种的业界精英。想想自己每天都要跟一群讲话也要收费、每六秒六钱银子的女人打交道，烦不烦啊？——但是，这个来自边陲小镇的小姑娘，显然除了会唱歌、跳舞、吹笛子以外，其他什么都不会，这倒是给了石崇安全感。于是，石崇花了三斛的珍珠作聘礼，把这个叫绿珠的女孩给娶回家了。

石崇本来是一个有斗志、有魄力、通音律、懂艺术，而又知晓如何享受人生的人。他谱"明君之歌"，教"忘忧之舞"，设计美姬的服饰，设计园林景观，铺排特殊的气氛。这种知情识趣的男人，不折不扣就是老中青各色女子心目中的钻石王老五了——虽然人家早有姬妾，不过，只要他看中，一个接一个地娶过去就是了。石崇还是京城（洛阳）的房地产大鳄，在城郊金谷涧中开发了一片房地产"金谷园"，亭台楼阁，奇花异草，养鱼植荷，蓄猿饲马，孔雀在楼下散步，绿珠就住在最深处的临水别墅里，过着人间天堂的幸福生活。

石崇很闲，钱又多得没地儿花，忍不住常与皇亲国戚竞奢赛宝，争奇斗胜。有一次，晋武帝赐给舅父王恺一株高二尺许的珊瑚树，王恺兴致勃勃地跑到金谷园中向石崇炫耀，谁料石崇却漫不经意地用铁如意将其敲碎了。王恺大惊失声，石崇心平气和地命仆从把家中藏的珊瑚树取出来罗列在桌子上，高三四尺的就有六七株，二尺左右的就更多了。王恺看得目瞪口呆，随便抱了一株，惘然若失地离开了金谷园。于是，石崇就被西晋的内参列上财富榜头条了，当时就有些人想征他的税，有人想绑他的票，有人想抢他的钱了。

正值八王之乱，赵王司马伦权热熏天，手下有个狠角色叫孙秀。孙秀狐假虎威，想向石崇讨要绿珠。石崇气得半死：居然向我讨我的小老婆？你也太不尊重民族企业家了吧？不给！把孙秀给拒绝以后，石崇不是不害怕，于是找到了潘安，那位著名的美男子，两人敦促汝南王司马允造反。结果，事情败露。赵王司马伦下令把石崇、潘安等捉拿归案，孙秀带领大队人马，来势汹汹地将金谷园团团围住。石崇正在崇绮楼上与绿珠开怀畅饮，忽闻缇骑到门，料知大事不妙，便对绿珠说："我今天为你得罪了人，怎么办？"绿珠流着眼泪说："妾当效死君前，不令贼人得逞！"言罢，朝栏杆下纵身一跃，血溅金谷园。石崇拦也拦不住，仅捡一片破衣裙而已。

其实石崇看似多情，实则薄情。自己造反不成，又跟家里的小美人有什么关系呢？如果绿珠不是一个天性淳朴、侠义心肠的少女而是一个女精算师，那么干脆就立马算清利益关系，投身孙秀。

孙秀原想收捕石崇，抄没其家产，并掠得佳人而归，想不到绿珠已死，于是不加审问就气急败坏地把石崇直接押到东市行刑。石崇就刑前长叹："奴辈贪我家财耳！"这时才明白，太迟了。

《周易》说："平安的时候要不忘危难，生存的时候要不忘消亡。"能做到这一点，全家性命就能长保平安，全家也就不会沦丧了。

如果说金钱是老虎，那么比老虎更厉害的是人那颗贪婪的心。贪婪能使人疯狂，使人利令智昏，失去理性，以致互相残杀，最后失败在贪婪之心。

"利大伤身"，想轻松的生活一辈子，千万别有贪婪之心啊！

天贵于时，人贵于明，动之有戒也。

[译文]

天道贵在有其规律，人贵在明智有节，行动要遵守戒规。

[解读]

人的欲望是无止境的，正因如此，节制欲望、战胜欲望才是大人物所应具有的成功品质。相对平庸者而言，放纵欲望不仅让他们失去了理性，更让他们为欲所牵，丧失了崇高的人生目标。可以说，有所戒惕是求利者必须面对的一个课题，这不只是社会的复杂性和求利的风险性所决定的，也是天理人道本身的规律所要求的。如果只从个人的欲望出发，不顾客观环境和现实要求，就会碰得头破血流。

[案例]

李存勖、刘玉娘：享受捞钱，结果导致国灭身亡

五代时，后唐的皇帝李存勖以救国救民号召百姓，招募将士，先后灭掉了后梁等国，势力达到了顶峰。

天下略为安定后，李存勖开始贪图享乐，他对大臣们说："我军征战多年，今日有成，应该休息罢兵，享受太平生活。"

李存勖从此不理朝政，天天忙着看戏玩乐，一些忠直的大臣也被他疏远了。

皇后刘玉娘特别爱财，她把国库窃为己有，积攒了堆积如山的财宝。她任用自己的亲信做捞钱的肥差，四处暴敛，到处横征，百姓怨声载道。

宰相把刘玉娘的行为报告给了李存勖，说："当天下人的君主，应该关心天下人的生死，这样人们才能爱戴他，国家也会安定。现在皇后只顾自己捞钱，全不管百姓如何生活，这样下去要出大事的，皇上一定要好好管教她。"

李存勖这时也失去了往日的爱民之心，他为皇后辩护说："筹钱粮，救民于水火，百姓一定会感激皇后的仁德，誓死保卫国家。"

刘玉娘把国库的东西视为自己的财产，她拒不交出赈灾，还生气地对宰相说："你是宰相，救济百姓是你的事，与我有什么关系？"

她只拿出两个银盆，让宰相卖了当军饷。宰相长叹一声，掉头就走，他对自己家人说："皇上、皇后只为自己享乐积财，这样怎能治理好国家呢？他们太自私了，国家一定会灭亡，我们也另做打算吧。"宰相也不管事了，朝廷陷于瘫痪。

时间不长，大将李嗣源就率兵反叛。李存勖领兵平乱，愤怒的士兵纷纷投向叛军，不愿再为李存勖卖命。

李存勖见势不好，急忙用重赏安稳军心，他对士兵们说："我带领你们打天下，绝不是为了我自己，是为了你们啊！这次如果平定了叛乱，你们每个人都有重赏，我说到做到，绝不食言！"

士兵们早不相信他了，这时见他还在说谎，不禁更加愤怒。他们发动了兵变，乱箭射死了李存勖。刘玉娘逃进了尼姑庵，也被士兵搜出，把她绞死。

李存勖、刘玉娘平时不知关爱将士百姓，只知自己享受捞钱，结果导致国家灭亡，他们死不足惜。

"人贵于明，动之有戒。"一心为一己之私只顾敛财的人是干不成大事的，他可以利用人于一时，一旦被人识破真面目，所有人都会离开他，反对他。为多数人谋取福利，首先要放弃个人的私利，这样才能办事公平，赢得世人的信任。

正所谓，无欲则刚强，无私才博大。有的人把个人的利益、名声、地位、权势看得高于一切，地位略有动摇，利益稍有损失，权势稍有削弱，就看成是大祸临头，结果生活得非常痛苦。只有解脱名利的羁绊和生死的束缚，只有我们完全从自我占有、自我为中心的心态中超脱出来，这时心灵世界才能像浩瀚的天空，任鸟儿自由飞翔。

爱财似乎是很多人的天性，如果是老百姓，耍点小聪明，贪点小财，也无可厚非，但若站在领导者的位置上，若想成就一番事业，就不能太看重钱财了。钱财有其两面性，有了它固然可以荣华富贵，但也可以令你祸事缠身。在面对这些问题时，保持清醒的头脑还是必要的。

众见其利者，非利也。

[译文]

许多人都能看见的利益，就不是利益了。

[解读]

对利益的认识和判断，成功者和失败者是迥然不同的。人人都能看见的好处，所争的人自然众多，由此产生的困难和障碍必然层出不穷，成功的概率也由此大减，纵是越众而出，也已元气大损了，这未必是真正的成功。而真正的成功者并不盲目趋众，他们总是独具慧眼，另辟蹊径，在人所未见之处挖掘出宝藏，赢取大利。

[案例]

申屠蟠：拒绝追攀风气，归隐山林

申屠蟠是东汉末年时的一个饱学之士，善察古今之变。

当时，很多名士都纷纷议论朝政，抨击宦官专权，自公卿大夫以下的许多达官贵人都纷纷折断符节辞职，对读书人则礼以上宾。太学生们也追攀这股风气，以为平民身份的儒士也会重新被任用。只有申屠蟠独自叹息道："过去战国的时候，平民可以参与政治，平民可以议论朝政是非，各诸侯国君甚至亲自洒扫道路以迎接他们。结果在秦始皇统一中国便焚书坑儒，现在的形势也是一样啊！"于是他归隐山林，躲到梁山、砀山之间，以树做房屋，一切都自己动手干，将自己扮成了一个平庸之人。两年后，发生了党锢之祸，范滂等人果然因"诽讪朝廷"而惹祸，有的被处死，有的受刑罚，很多人受到牵连，唯有申屠蟠得免。

历史上曾经发生过无数次不同利益团体之间为争夺一块"肥肉"，互不相让、角逐厮杀的事件，结果却弄得两败俱伤。既得利益者在付出了惨重代价后，往往是得不偿失；没能得到利益的，更是损失惨重。这种争夺利益的心理，对自身是一种伤害，还容易被别有用心者所利用，以"肥肉"作为诱饵隔岸观斗，坐收渔翁之利。"众见其利，非利也。"头脑清醒者应懂得克制自己，因为别人都能看得到的利益，自己还要去争取，就不是什么好事了。与那些争名夺利，争得头破血流的好利者相比，淡泊名利的做法确是对自己最好的保护。

众见其害者，或利也。

[译文]

许多人都视为有害的东西，有的却是有利益的。

[解读]

化害为利，敢为人先，这不是单凭勇气和幸运便能做到的。那种单纯强调稳妥，而不抓住机遇的人，绝不是真正意义上的智慧之士。事情都是辩证的，成功都不会是无缘无故的，如果人们换个思路，换个角度来看待问题，即使身陷困境，也会看到希望，找到出路。在利益的求取上也是如此，可以说在大智慧者眼中，他们的顺境暗含危机，自不会得意忘形；他们的逆境蕴藏生机，也不会悲观绝望。

[案例]

丑才子罗隐：狂妄也有福，获得重用

罗隐，字昭谏，原名罗横，余杭（今浙江余杭）人，自号江东生。

罗隐小时候便在乡里以才学出名，他的诗和文章都很出众，为时人所推崇，他和同族另外两个有才华的被合称"三罗"。

在唐朝末年，罗隐和许多人一样也想借助科举考试踏入仕途，一展宏志。罗隐虽然名声很大，却六次没有考中，于是改名为罗隐。罗隐的才学确实出众，就连当时的宰相郑畋和李蔚都很欣赏他，但由于他的试卷里的讽刺意味太强，人也很狂妄，这使他在讲究谦虚的中国古代社会里非常孤立，考官们对他很反感。有次他投考时，正遇上大旱，皇上下诏求雨作法，罗隐便上书进谏，

说水旱灾害是和天地一样共存的，无法立即消除，他劝皇上应该用心祈祷，那么百姓的庄稼受灾再重也会感激陛下的。最后说，先皇和大臣们都不能为陛下出力，何况作法的又是几个无名之辈，他认为此法不可取。罗隐的话太直率，有些讽刺的意味，最后皇上也没有听他的。

罗隐之所以屡试不中，他的长相也是一个很重要的原因，他的丑和才学一样出众，宰相郑畋的女儿非常喜欢罗隐的诗，经常拿着他的诗文读。但有一次罗隐到她家里拜访父亲时，她忍不住偷着看了看这位才子，结果大失所望，从此以后再也不看罗隐的诗文了。真不知罗隐的丑到了什么程度，竟让酷爱他诗文的小姐看一眼便与他的诗文绝缘。

在考场上屡战屡败，罗隐对嫉妒他才学的考场也厌烦了，他离开长安到别处暂且谋生。他碰上一个名叫罗尊者的人，这人为他看了相后对他说："君志在考场及第，但做官仅能做很低级的。如果能放弃科举，向东辅佐地方王国，则必有大富贵。"罗隐于是到了湖南，但都没有合作成。他曾经拜见淮南高骈，罗隐见高骈酷爱仙术，就偷着在后面土庙里题誓讥讽，然后连夜乘船跑了。为高骈弄巫术的人告发了他，高骈大怒，派快船追赶，但是已经晚了，后来高骈被杀，罗隐又提笔写了《妖乱志》以报当初被追之仇。

　　当时负责镇压起义军的招讨使宋威作战畏缩不前，罗隐便到军门前上书教导他说："王仙芝和尚让人四处攻掠为害，天子命将军为帅，是因为您能知恩卖力，但现在您却迟疑不进，难道不知天子将八十三州交给将军守护了吗？那是让将军旦夕之间便将寇贼剿灭干净。"宋威看了很不痛快，找罗隐，早已经走了。

　　南方无法立足，罗隐又到了北方，路过魏博时他给节度使罗绍威写了封信，除介绍自己外，还排了辈分，称罗绍威为侄子。罗绍威的部下看了，非常生气："罗隐一个布衣，还敢称王为侄子，如此无礼！"

　　罗绍威却说："这个罗隐虽是落第的布衣，但名扬天下，王公高官他都看不起，今天能到我这里来，也是我的荣幸，不要计较！做他的侄子我也高兴，你们别说啦！"罗绍威在城外排开阵势欢迎这个叔叔，亲自接进城中。见了罗隐他便行晚辈的跪拜礼，罗隐毫不谦让，坦然接受了。

　　过了几天，罗隐要回浙江去了，罗绍威见留不住他，便给钱写了封推荐信，然后又送钱百万给罗隐做行资路费。有了地方势力的保举，又是侄子，罗隐到了南方真的柳暗花明又一村了。

　　这次虽然有罗绍威的推荐信，但罗隐还是吸取了一点教训，将狂妄之气收敛了一些，他怕钱不收留自己，

就将自己的一首诗写在卷首，将信送进去。其中有两句
"一个祢衡容不得，思量黄祖漫英雄"，意思是说钱度
量大，容得下贤士，这是交际中语言最好的，使双方的
优点都被肯定了，当然会有良好的结果了。钱看了果然
大笑，委以重任。后来钱被朝廷授节度使之职，钱让沈
崧草拟谢恩表，大谈浙西的富庶，写成后给罗隐看，罗
隐说："现在浙西战乱刚息，自给还不足，朝廷当政之
人正谋求贿赂，这表送去，当政人岂不趁机大加勒索我
们？"钱让他改改，改后的谢表中有这样的话："天寒
而麋鹿常游，日暮而牛羊不下。"朝中的人看到后都说
这肯定是罗隐所写。

罗隐在钱那里做过钱塘令，掌书记，后来升为节度
判官。但他狂傲的本性并没有改，时间一长，小尾巴又
翘了起来。钱也能写诗，罗隐在以诗应答的时候也不给
钱面子，将钱小时候拿着棍骑牛的事都抖出来了，但钱
度量很大，并不计较，一笑了之。

朱温建立后梁，也久闻罗隐盛名，用右谏议大夫的
官职召他去，被罗隐回绝。同时他还建议钱讨伐后梁，
灭掉叛逆唐朝的朱温。他说："王是唐朝之臣，发兵北
伐义不容辞，纵使不能成功，也能保住杭州、越州之地，
称帝于东方。怎么能向北称臣，做羞辱之人呢？"钱以
为罗隐被唐朝长期压制，会怨恨唐朝，这时见他并不计

较个人得失，而是以道义为重，对他的人品很是钦佩，虽然没有听从他的建议北伐，但对罗隐更器重了。

罗隐的故事告诉我们，"狂妄"也有"狂"的好处，做人该"狂妄"的时候还得"狂"，因为这也是显露自己才干的一种手段，当然，更要适可而止。

君子重义轻利，小人嗜利远信，利御小人而莫御君子矣。

[译文]

君子重视道义而轻视利益，小人贪恋利益而远离信用，利益可以驱使小人而不能驱使君子。

[解读]

俗话说，香饵之下，必有死鱼。贪图利益而不问是非、不知轻重的人，常常要付出血的代价。利益作为一种御人的利器，从来只对小人之类的人才会产生真正之效应，而真正的君子纵是贫贱孤危，也不会为其所用。正所谓天下没有白吃的午餐，屈从于利益的人，势必要受制于人和事；对利益的过分偏爱，只能使自己丧失立场和原则，做出有违道义的事情，害人害己。

[案例]

嵇康：一直到死，也没有向司马昭、钟会低头屈服

魏国大将司马师废了魏主曹芳，让魏文帝曹丕的孙子曹髦做了皇帝。过了几年，司马师病死，他弟弟司马昭接他的位置做了大将军，朝廷的事都是司马昭一个人说了算。曹髦对他越来越不满，琢磨着找个机会杀了司马昭，夺回权力。结果失败了，不仅没杀成司马昭，还把小命丢了。

这一下宫里宫外全乱套了，司马昭平时做事就蛮横，为所欲为。看不惯他的人多的是，就是不敢说。这一回，他连皇帝都敢杀，大家在背地里议论纷纷，有些文人学士也忍不住批评朝政，其中最有名的是嵇康。

嵇康从小喜欢读书作诗，性格豪爽。他跟好朋友阮籍、阮咸、山涛、向秀、王戎、刘伶经常在竹林子里喝酒，谈论天下大事，什么话都敢说，被称为"竹林七贤"。他还有一个特别的爱好——打铁。大伙儿经常看见他光着上身，挥舞着手中的大铁锤，在铁炉旁边叮叮当当地敲个不停。

嵇康认为朝廷官员只会拍马屁，没一点出息，所以从心眼儿里不喜欢那些以媚邀宠的官员，讨厌跟他们来往。当时，中书侍郎钟会很善于阿谀奉承而得到司马昭的重用，大家都不敢惹他。钟会听说嵇康才华出众，而且名气很大，就专程去探望他。他到嵇康家的时候，只见嵇康正在打铁，身上大汗淋漓。

旁人告诉嵇康，大官儿钟会来看你了。嵇康就当没听见，头都不抬，继续打铁。钟会耐着性子在旁边等。谁知站了老半天，嵇康斜都不斜他一眼。钟会又恼又羞，脸涨得通红，最后袖子一甩，转身走了。可他没走几步，嵇康却说话了。他一边低着头敲打烧红的铁条，一边慢悠悠地说："你听见了什么才到这儿来的，又看见了什么才要走的呢？"看到他那个傲慢劲儿，钟会气得牙痒痒。他没好气地说："我听见了我听见的才来，我瞧见了我瞧见的才走。"从那以后，他就恨上了嵇康。

嵇康的朋友山涛知道嵇康比自己有本事，就推举嵇康接替自己入朝做官，还写信把这件事告诉了嵇康。嵇康这下可真火了，马上写了一封《绝交书》给山涛，狠狠地挖苦了他一顿，还大骂朝政。司马昭知道了这件事，差点儿气炸了。

钟会趁机对司马昭说："嵇康这个人坏极了！嘴巴一点都不老实，动不动就攻击朝政，辱骂圣人。"看到司马昭气得脸都绿了，他又往前蹭了几步，凑到司马昭的耳边说："听说,他还想造反呐!这样的人留着他,将来可不得了哇!"司马昭狠狠地握着拳头,下令把嵇康逮起来判了死罪。

这件事轰动了整个洛阳。有三千多太学生联名上书,请求不要杀嵇康。可是,这根本不管用!行刑以前,嵇康弹了一曲《广陵散》。弹完,他向天长长地叹了一口气说:"《广陵散》以后要失传了!"

一直到死,嵇康也没有向司马昭、钟会低头屈服。

逍遥任我在,不为虚名行,人格远比名利、身外之物重要,"利御小人而莫御君子。"有些铁骨铮铮的君子不会为了高位或俸禄而放弃自身的高尚品格!

利无尽处,命有尽时,不怠可焉。

[译文]

利益没有穷尽的地方,生命却有终了的时候,不懈怠就可以了。

[解读]

生命的有限和利益的无尽,促使人们在二者关系上有很多的思考和反省。人为财死，鸟为食亡的悲剧所以亘古不绝，其中的关键就是人们没能站在生命的高度来正确地看待利益，没有哲人的眼光来审视人生的价值。知道生命宝贵心有大志的人，是绝不会为了利益铤而走险的。明了生活的真谛和幸福的人，也不会干下唯利是图、不计后果的蠢事。其实，只要平平安安，问心无愧，踏踏实实地过好每一天，远比绞尽脑汁、贪得无厌、整日提心吊胆的人要活得踏实和自在，这才是人生的真正利益所在。

[案例]

胡九韶：以自己的言行，诠释"清福"的真义

胡九韶是明代大儒康斋的学生。康斋是王阳明的师太爷，是继孔子之后"述而不作、信而好古"少数几位儒家之一。读书、做圣贤功夫、行走江湖、亲耕、修养心性，是康斋一生的主要内容。据说有一次割水稻，康的手不慎被镰刀划破了，但他并没停下来包扎止血，而是继续埋头劳作，其"不动心"和"不为外物所胜"的修养境界，为学界称颂。

而胡九韶得其师真传，过了一辈子的清苦生活，却安贫守道，自得其乐。每天申时，即下午三点到五点的时候，胡九韶都要焚香磕头，感谢上天又赐给自家一天清福。妻子笑着说："我们一日三餐吃的都是菜粥，怎么能算清福？"九韶说："我一生没遭遇战乱兵祸，全家能吃饱穿暖，床上没有病人，出门没有官司缠身，这一切不是清福是什么？"

胡九韶对幸福底线的概括真是精辟全面：天下太平、衣食无忧、全家健康、社会和谐。舍此，黎民百姓夫复何求？而在一个相对稳定的社会中，这些应当说是不难实现的。但我们总是怨天尤人、不满足。原因不外乎有二：一是"身在福中不知福"；一是享了清福想"洪福""艳福"……当然，争取更多的幸福，亦是人的天性和应有的权利。靠勤劳智慧去争取，应该鼓励。问题在于总有人心术不正，戴上一顶乌纱，有了一点权力，就看不得别人致富。有一个贪官事发后反省："我笔一批，就能让人家发财，不拿点回扣吧，心不甘睡不着；拿了贿赂吧，心不安睡不着。"如此心态，如此煎熬，真的是：拒贿惜日短，贪赃嫌夜长，反侧复辗转，何来清福享。

秦朝的李斯有一个著名的"仓鼠哲学"，他认为：同样是老鼠，厕所的老鼠就身材瘦小身上又臭；而粮仓的老鼠则肥头大耳且身上还没有臭味。一个有才能的人应该身居高位，享受荣华富贵和锦衣玉食。但是，经过分析会发现，一方面"仓鼠哲学"有其积极向上的因素，说明李斯不安于现状，想通过自身的努力改变处境，过好日子。另一方面又是极端利己主义的体现，如果一个人将追求荣华富贵、功名利禄作为人生唯一的目标，那么他终将被荣华富贵、功名利禄所连累。"利无尽处，命有尽时。"任何事都要掌握好限度，过分追求某种东西，甚至将其作为生活的全部、唯一的目标，那么终将被其连累。人活一世，需要做的事情很多，不能把功名利禄作为自己的人生唯一追求。

利无独据，运有兴衰，存畏警焉。

[译文]

利益不能独自占据，运气有好有坏，心存畏惧就能警醒了。

[解读]

利益是人人欲得的，利益的获得也是常由多人之力才完成的。特别是大的利益，更需多方协调，众人同心方能取得。这就要求在利益的分配上要戒除一人独占的私心，不能见利忘义，只取不施。再说事情和运气从来不是一帆风顺的，平日施下的恩惠，总会在危难之际发挥奇效。常言道，居安思危，在利益面前肯于割舍，才能达到有备无患。

［案例］
独孤皇后：利不独据，保持名节，远离祸害

独孤皇后是隋文帝的妻子。她虽贵为皇后，且家族世代富贵，但却并不仗势凌人、爱慕虚荣，而是努力做到以社稷为重。突厥与隋朝通商，有价值八百万的一箧明珠，幽州总管阴寿准备买下来献给皇后。当她得知此事，即刻断然回绝，说："明珠不是我急用的。当今敌人屡犯边境，我军将士疲劳，不如把这八百万分赏有功将士。"皇后喜爱读书，待人和蔼，百官对她敬重有加。有人引用周礼，提议让皇后统辖百官妻室。皇后因不愿开先例，破规矩，便没有接受。大都督崔长仁是皇后的表兄弟，但因犯了死罪，隋文帝碍于皇后情面，想为他开脱，赦免其罪过。然皇后却能从维护国家利益出发，顾全大局，她说："国家大业，焉能顾私。"崔长仁最终还是受到了法律的严惩。

我们不妨细细分析独孤皇后确实做到了不露锋芒。此举动的高妙之处：独孤皇后不收明珠，却把它分赏将士；表兄弟违法犯罪，她却不因权徇私；因此，她也远离了许多祸害，同时也保持了名节。

　　做领导不能只要美名，而害怕承担责任，敢于担责任、担义务才是做人的基本原则。从历史上看，一个人有伟大的政绩和赫赫的战功，往往会招来他人的嫉妒和猜疑，此当为常理。历代君主多半都杀戮开国功臣，因此才有"功高震主者身危"这句名言，只有像张良那样功成身退、善于明哲保身的人才能防患于未然。所以，君子都宜明了居功之害。遇到好事，总要分一些给其他人，绝不自己独享。完美名节的反面便是败德乱行，人人都喜欢美誉而讨厌污名，污名固然能毁坏一个人的名誉，然而一旦不幸遇到污名降身，却不能全部推给别人，一定要自己主动承担一部分，使自己的胸怀显得磊落。只有具备涵养德行的人，才算是最完美而又清高脱俗的人。让名可以远害，引咎便于韬光。

辩卷四

物朴乃存，器工招损。

[译文]

事物朴实无华才能得以保存，器具精巧华美才招致损伤。

[解读]

在复杂的社会环境中，很多事情都被扭曲了。不考虑这个背景和实际需要，那么就不能顺应时势，更保护不了自己免受伤害。正像事物因朴实而不惹人注意一样，俗人眼中的缺点却成了它自存的法宝。而器具的精致让人觊觎，你争我夺，造成对其本身的伤害，这正是它所炫耀的结果。由此引申开来，在言谈上的巧言善辩自有它的弊端，过于玩弄辞令也会伤害自身，于事有误。

[案例]

苏轼：因诗获罪，差点为此掉了脑袋

苏轼，字子瞻，号东坡居士，四川眉山人。他出身于书香门第，学问十分了得，与父亲苏洵、弟弟苏辙都在"唐宋八大家"之列，合称"三苏"。苏轼曾在二十一岁那年，与弟弟苏辙一起参加殿试，并且都中了进士。当朝皇帝宋仁宗赞叹说朝中得了两个奇才。主考官欧阳修是当时的文坛领袖，他也预见说："三十年后，苏轼的文章将会超过我。"苏轼具有多方面的才能，诗、词、散文、书画都有卓越成就。他一生留下四千多首诗，感情充沛、清新流畅、热烈豪放。长久以来，一直为人们传诵。就连当时的许多文人学士都很佩服、景仰他，都以能够同他结交为荣，以能够得到他的指教为幸。

可是，苏轼却是个时运不济的才子。他生前多次受到同僚的排斥打击，还被皇帝几次贬官。有一次，甚至被抓了起来，押到首都汴京治他的罪。晚年的苏轼还遭到了皇帝的放逐，被皇帝贬官到遥远的两广地区当小吏，直到死前半年才被赦回。还有一次，与他有隔阂的官员

为了打击他，竟然告发他的诗中影射了某种特别的意思，皇帝差点为此砍了他的脑袋，这就是历史上有名的"乌台诗案"。

北宋神宗皇帝任用王安石实行变法，以司马光为首的旧党坚决反对，总是阻挠新政实施。所以，当时在朝野内外以王安石为首的新党和以司马光为首的旧党，是势不两立的。可是，苏轼一向是个不会见风使舵的人，他总是实话实说，所以遭到了新旧两党的厌恶。起先苏轼反对变法，受到了新党的排斥；后来，旧党上台，苏轼出于实际情况的考虑又不同意全盘否定新法，遭到了旧党的戒备。再后来，新党又把旧党打了下去，为了争权夺利，又把苏轼归于旧党。

元丰三年（公元1080年），苏轼被调任为湖州太守，当时依照惯例，调职官员要写一份"谢恩表"，然后刊行在"邸报"（当时北宋官方的报纸）上。他在表上写的一些话又让新旧两党产生了愤恨。表中有这样几句话，意思是这样的："皇上您知道我愚昧，难以追随那些新进的权贵，又不能适应形势；可是您看在我虽然已经年老，却不爱生事的份上，就派我去管管小民……"在他的这份"谢恩表"里，"新进""生事"这两个词让人听出了弦外之音。谁是"新进"？谁又爱"生事"？人们对新党一阵嘲笑，当然还有那些自愿"对号入座"的人对苏轼就更为不满了。

当时，一位姓舒的御史大夫趁机向皇上奏了一本。说："苏轼的谢恩表讥讽时事，包藏祸心，怨恨皇上，讥谤讪上，渎职谩骂而没有人臣之节，现在人们已经在争相传诵，他这一举实在是搞得朝野轰动，万死也不足以谢皇上。"另外，这位舒御史还从苏轼写的诗文中摘出了六十多条词句作为证实苏轼不满朝廷的材料，他诋毁苏轼"讪上骂下"，还举出具体的例子："陛下教群吏学法令，他却说'读书万卷不读律，致君尧舜知无术'，陛下发青苗钱，本来是接济贫民，他却说'赢得儿童语音好，一年强半在城中'，陛下推行盐法，他却说，'岂是闻韶解忘味，迩来三月食无盐'……"接着，御史中丞李定也跟着上表，还列举了四点苏轼该杀的理由。一时间，苏轼因为一份"谢恩表"竟然惹祸上身。皇帝将这件案子发到御史台处理。

不久，苏轼就从湖州被抓回京城，过了一个月，又被关进御史台监狱。苏轼获罪的这件案子之所以被称为"乌台诗案"，是因为苏轼因诗获罪是由御史台一手操办的，而御史台常植柏树，柏树上又常常栖着乌鸦，人们常称御史台为"乌台"。

起初，苏轼并不承认自己有怨谤之心，只是说其中的一些诗句的确反映了民间疾苦。可是后来，在御史台官员吩咐下，手下对苏轼进行了轮番的审讯和折磨，苏轼一个儒生，实在忍受不了这种心理上的屈辱和肉体上的疼痛，所以就承认自己有罪，还写了"供词"。一首描写普通农村人家生活的诗"杖藜裹饭去匆匆，过眼青钱转手空。赢得儿童语音好，一年强半在城中。"苏轼自己说是讥讽了朝廷的青苗立法。苏轼还说，在《山村绝句》"老翁七十自腰镰，惭愧春山笋蕨甜。岂是闻韶解忘味，迩来三月食无盐。"中是讥讽了新法实施中的"盐法"太急，使得山中之人饥贫无食，动经数月。其实这首诗与盐法哪里有半点瓜葛，苏轼当时已经完全绝望了，就等着御史台把罪状和供词编织就绪，待皇帝批准后杀头了。可是，苏轼竟躲过了这场大难，神宗皇帝下令只是对苏轼贬官了事。在这场来势汹汹的"乌台诗案"里，苏轼究竟是怎样解脱出来的呢？据说，当时太皇太后曹氏的一条遗嘱，救了他一命。据说，曹氏病危，神宗皇帝去看她，她说："当年仁宗皇帝策试制举人回来，见到苏轼两兄弟的文章，很高兴地对我说：'我为子孙得了两个相才。'如今不但没有重用他，反而要把他下狱论死。苏轼无非是作了几首小诗，发了一点牢骚罢了，这是文人的习性，若是抓到了一点小小的不慎之言，就罗织成罪，何以对得起仁宗皇帝？何以对得起太祖皇帝非叛逆不杀士人的祖训？"于是，神宗决心放了他。

另外，也有人猜测神宗本来就不打算杀他，当时的宰相看到神宗要宽恕苏轼时，就进谗言说："苏轼讥讽臣下的罪可恕，但藐视皇上的罪不可恕。"还举出了苏轼的一句诗"世间唯有蛰龙知"说："苏轼不认为陛下是飞龙，竟求知于地下的蛰龙，就是藐视皇上。"神宗却说："文人的诗句怎么能这样来推论呢？他咏自己的诗，与我有什么关系？"旁边的一位大臣和苏轼关系要好，就又加了一句："龙未必专指天子，人臣也可以称龙。"神宗说："是呀，孔明被称作'卧龙'，东汉还有'荀氏八龙'，难道都是人君？"说得那个宰相哑口无言。

后来，神宗又看到苏轼在狱中写的诗，更是动了慈悲之心，所以就赦免了他。这首诗是这样写的：

圣主如天万物春，小臣愚暗自亡身。

百年未满先偿债，十口无归更累人。

是处青山可埋骨，他年夜雨独伤神。

与君今世为兄弟，更结来生未了因。

另外，苏轼确实是个人才，那些正直的人们都不愿他落难，所以纷纷解救。据说，从苏轼被捕起，救援的奏章、信函就如雪片般飞到京师。王安石的女婿上书，扬言在皇帝实录上记下神宗不能"容才"；南京张安道在南京上书，府官不敢接，他派儿子持至登闻鼓院投进；

苏轼的弟弟苏辙愿意用自己的官职和薪水为哥哥抵罪。所以，神宗最终决定不杀苏轼。

不久，苏轼被贬，"乌台诗案"就这样结束了。但苏轼因诗获罪告诉我们：一个善于交际的人应该根据不同的人采取不同的方法，面对不喜欢说话的人，不能一下子就推心置腹，面对一个自以为是的人，也不要多言，提防说话不当惹祸。

有句谚语说："沉默是金子，雄辩是银子。"这就是在说，雄辩不如沉默好。中国古话说："祸从口出。"这也是在告诫人们要少说有害无益的话。

从禅的角度来看，不多说话才是真正的体悟方式。五祖法演和尚提示道："与人生路上的达者相遇时，既不可言语，也不可以沉默对待达道之人。请问你如何对应？"有一位外道人向一位日本僧人问道，外道人说了两小时，僧人则一言不发，外道人说："我简直像与深山里的大树相对。"他们哪里懂得朴实无华的沉默比巧言善辩好得多呢？

言拙意隐，辞尽锋出。

[译文]

拙于言辞才能隐藏真意，话语说尽锋芒就显露了。

[解读]

俗话说：大智若愚，大言若讷。言辞谨慎，不露锋芒，常常是成大事者智慧的显现。浅薄者信口开河，不仅暴露了他们的肤浅，也让人一眼看穿其心意，其架势更让人生厌。言语作为了解一个人的重要窗口，如果不有所节制，就毫无秘密可言；言语作为交际的一个重要手段，只有措辞得当，有所保留，才能助事有成，于人无咎。

[案例]

高拱：说了不该说的，被张居正出卖

心理学家说，人若有心事，应该说出来，才不会在内心郁积，闷出病来。这个说法没错，但是不能随便说，因为口是心的大门，守口不严，就会泄露很多机密；意是心的腿脚，如果意防得不够严谨，就会摇摆不定走上邪路。

明嘉靖二十六年（公元 1547 年），二十三岁的张居正中二甲进士，授庶吉士。庶吉士是一种见习官员，按

例要在翰林院学习三年，期满后可赐编修。张居正入选庶吉士，教习中有内阁重臣徐阶。徐阶重视经邦济世的学问，在其引导下，张居正努力钻研朝章国故，为他日后走上政治舞台打下了坚实的基础。

后来，张居正果然不负众望，成为历经嘉靖、隆庆、万历三朝的杰出政治家。他出任内阁首辅多年，实行了一系列改革措施，使得日趋没落的明王朝一度振作。然而，张居正的才能得以施展，竟有一段不为人知的故事。

明朝初年，为了加强中央集权，废丞相，设内阁，其职能相当于皇帝的秘书厅。首席内阁学士称首辅，实际上也就是宰相。张居正没当上首辅之前，冯保任内相，这个人贪财好色，品行不端，张居正十分厌恶他。

张居正一直心怀大志，他一心想当上首辅大臣，怎奈努力了很久，也没能得到提拔。不久，他发现，冯保和现任首辅大臣的高拱是死对头，而高拱也是自己最大的障碍。于是，他开始与冯保交好。为了讨冯保欢心，他不惜送上七张名琴，五副珍珠帘，此外还有几万两黄金，若干白银及其他珍玩，两人关系渐渐密切起来。

隆庆六年（公元 1572 年），皇帝驾崩，年仅十岁的朱翊钧继位，冯保立即在朱翊钧的生母李贵妃面前大肆攻击任职内阁首辅的大臣高拱，并全力举荐张居正。高拱不知内情，将他要上疏将冯保逐出宫廷的事告诉了张居正。

张居正得知此事，竟将这件事密报给冯保，出卖了视他为知己的高拱。冯保立即诬告高拱有造反之心，最终高拱被放逐，张居正登上了内阁首辅之位，终于实现了他的愿望。

高拱被张居正出卖这件事告诫我们：人与人交流最直接最容易使用的就是语言，但语言既是交流沟通的桥梁，也是破坏诋毁的武器。因此，以下几方面是你在说话时不得不注意的。

做事方面：

别人向你求助的时候，如果能够做到，可以答应，但不要"保证"，应该说"我尽量，我试试看"。如此，即使将来不能帮别人办成事，别人也不会对你有什么想法。

给领导办事的时候，当然要接受，但不要说"保证没问题"，应该说"应该没问题，我会全力以赴"。这是为了防止万一自己做不到所留的后路，事实上这样说并无损你的诚意，反而更能让领导觉得你是一个谨慎的人，成熟的人。所以，事情办成了，就会更信赖你；即使事没做好，也没有什么。

做人方面：

朋友之间不要把话说死了。特别是不要说出"势不两立"之类的话，除非你与对方有深仇大恨。不管谁对谁错，最好是闭口不言，或者即使说话也要留有余地，不要把对方一棍子打死，防止他将来与你为敌。

不要急于对别人说出自己的评价，比如说"这个人完蛋了""这个人一辈子没出息"之类的话，都是不合适的，人一辈子很长，有很多变数，谁知道一个人哪天碰到好运气呢？同样的道理，也不要说"这个人前途无量"或"这个人能力高强"。总之，应多用"考虑……不过……假如"之类的话语，为长远打算。

虽然必须说话时要说绝，但是除非必要，还是保留一点空间的好，这样既不会得罪人，也不会使自己陷入困境。总之，多用些中性的、不确定的词句，让你可进可退自如。

识不逾人者，莫言断也。

[译文]

见识不能超过别人的人，不要说判断的话。

[解读]

好为人师、轻下断言，是不少人的一大毛病。过度的自信和轻视别人，也是很多人的受挫之因。而真正的有识者，他们知道识无止境的道理，更把它贯彻到实际中去，所以能出言谨慎，不冲动行事。错误的判断往往是致命的，在这一错误理念支配下的行动所造成的后果，常是无法挽回的灾难。在这一点上，如果能自省谦逊，善听人言，不固执己见，许多大的损失就可避免。

[案例]

刘禹锡："好为人师"惹祸上身

刘禹锡学富五车，诗名很大，为人爽直，但有时做人不够圆通，惹来不少麻烦。

当时有个风俗，举子在考试前都要将自己的得意之作送给朝廷有名望的官员，请他们看后为自己说几句好话，以提高自己的声誉，称之为"行卷"。

襄阳有位才子牛僧孺这年到京城赴试，便带着自己的得意之作，来见很有名望的刘禹锡。刘很客气地招待了他，听说他来行卷，便打开他的大作，毫不客气地当面修改他的文章，"飞笔涂窜其文"。刘本是牛的前辈，又是当时文坛大家，亲自修改牛的文章，对牛创作水平会有帮助。

由于政治上的原因，刘禹锡的仕途一直不得意，到牛僧孺成为唐朝宰相时，刘还只是小小的地方官。一次偶然的机会，刘禹锡与牛僧孺相遇在官道上，两个人便一起投店，喝酒畅谈。酒酣之际，牛写下一首诗，其中有"莫嫌恃酒轻言语，曾把文章谒后尘"之语，显然对当年刘禹锡当面改其大作一事耿耿于怀。刘见诗大惊，方悟前事，赶紧和诗一首，以示悔意，牛才解前怨。刘惊魂未定，后对弟子说："我当年一心一意想扶植后人，谁料适得其反，差点招来大祸，你们要以此为戒，不要好为人师。"

按说，刘禹锡作为牛僧孺的前辈，对其指点一二，并无不妥，更何况刘禹锡作为朝廷有名望的官员，"行卷"是其分内所当为之事，可是刘禹锡忘了"文人相轻，自古而然"的古训，把人家的得意之作"飞笔涂窜"，这无疑就是告诉大家，你的所谓大作在我眼里简直一无是处。尽管当时的刘禹锡绝无看轻牛僧孺的意思，而纯粹是想提高牛的创作水平。可在自负的牛僧孺看来，你刘禹锡虽然学富五车，才高八斗，但难免有"自以为是""好为人师"的狂态。因此，牛僧孺对刘禹锡改卷一事一直耿耿于怀。

刘禹锡"好为人师"的经历不能不引起我们的重视。所谓"病从口入，祸从口出"，口舌招惹是非。在与人打交道之中，不注意言语的对错轻重，率直而言，直抒胸臆的做法，是容易惹祸上身的。所以，与人交往，尤其是"识不逾人者"，不要轻下断言，慎言为上。

势不及人者，休言讳也。

[译文]

势力弱于别人的人，不要说忌讳的话。

[解读]

在不知不觉中冒犯有权势的人大有人在。如果说坚持正义而故意为之，这无可厚非，但因无心之失而招惹麻烦、自树强敌，就该深刻检讨了。有权势的人忌讳颇多，身为弱者，和他们打交道尤当小心谨慎，纵使人们和有权势者曾是密友故旧，乃至亲人，也不能随兴而发。要知有权势者的虚荣心极强，他们对此的承受力也极为脆弱，惹恼了他们，对自己终不是件好事。

[案例]

李渊：矮檐下低头，保全了自己

民间有一句俗语，叫"人在屋檐下，不得不低头"。就是说，人在权势、力量不如别人的时候，或者在求人办事之时，不能不低头退让。这句话，可以说洞彻世事人情，非常有智慧。然而，仔细看这句话的后半句，我们会发现"不得不"一词里隐含着太多的勉强和无奈，这是一种消极的、不情愿的低头。既然是勉强和不情愿的，做起来就不免会流露出不满的情绪，这种不满如果让对方看到，很可能会影响你办事的结果。因而，我们要把这句俗语改成"人在屋檐下，一定要低头"。把"不得不"改成"一定要"并不是在玩文字游戏，而是要求权势和力量不如对方的人要积极主动地低下头来，变消极为积极，变不情愿为心甘情愿。

所谓的"屋檐"，通俗点说就是别人的势力范围，也就是说只要你在这势力范围之中，靠这势力生存，那么你就在别人的屋檐下了。这屋檐有的很高，任何人都可抬头站着，但这种屋檐不多，以人类容易排斥"非我族群"的天性来看，大部分的屋檐都是非常矮的！也就是说进入别人的势力范围时，你会受到很多有意无意的排斥和限制，以及不知从何而来的欺压，除非你强大到不用靠别人来过日子的程度。即便如此，你也不能保证一辈子都可以如此自由自在，不用在人屋檐下避避风雨。所以，在人屋檐下的心态就有必要调整了。只要是在别人的屋檐下，就"一定"要低下头，不用别人来提醒，也不用撞到屋檐了才低头。这是一种对客观环境的理性认知，根本没必要不好意思和抹不开面子。与生存相比，脸面又值多少钱？在生存与脸面相矛盾时，生存第一！

"一定要低头"，起码有这样几个好处：你很主动地低下了头，不致成为明显的目标；不会因为头抬得太高而把矮檐撞坏。要知道，不管撞坏撞不坏，你总要受伤的，尽管你的头是"铁"的，但老祖宗早就有"伤敌一千，自损八百"的古训。不会因为脖子太酸，忍受不了而离开能够躲风避雨的"屋檐"。离开不是不可以，但是必须考虑要去哪里。要知道，一旦离开，再想回来就不那么容易了。在"屋檐"下待久了，就有可能成为屋内的一员，甚至还有可能把屋内人赶出来，自己当主人。

在中国历史上，各种斗争极其复杂。忍受暂时的屈辱，低头磨炼自己的意志，寻找合适的机会，是一个成大事者必不可少的心理素质。西汉时期的韩信忍胯下之辱正是这种"一定要低头"的最好体现。因为他不低头就把自己弄到和地痞无赖同等的地步，奋起还击，闹出人命吃官司不说，还很可能赔上一条小命。另一种"一定要低头"，属于更高一个层次。就是有意识地主动消隐一个阶段，借这一阶段来了解各方面的情况，消除各方面的隐患，为将来的大举行动做好准备。

隋朝的时候，隋炀帝十分残暴，各地农民起义风起云涌，隋朝的许多官员也纷纷倒戈，转向农民起义军。因此，隋炀帝的疑心很重，对朝中大臣，尤其是外藩重臣，更是易起疑心。唐国公李渊（即唐高祖）曾多次担任中央和地方官，所到之处，有目的地结纳当地的英雄豪杰，多方树立恩德，因而声望很高，许多人都来归附。这样，大家都替他担心，怕遭到隋炀帝的猜忌。正在这时，隋炀帝下诏让李渊到他的行宫去晋见。李渊因病未能前往，隋炀帝很不高兴，多少有点猜疑之心。当时，李渊的外甥女王氏是隋炀帝的妃子，隋炀帝向她问起李渊未来朝见的原因，王氏回答说是因为病了，隋炀帝又问道："会死吗？"

王氏把这消息传给了李渊，李渊更加谨慎起来，他知道隋炀帝对自己起疑心了，但过早起事又力量不足，只好低头隐忍，等待时机。于是，他故意广纳贿赂，败坏自己的名声，整天沉湎于声色犬马之中，而且大肆张扬。隋炀帝听到这些，果然放松了对他的警惕。试想，如果当初李渊不主动低头，或者头低得稍微有点勉强，很可能就被正猜疑他的隋炀帝杨广除掉了，哪里还会有后来的太原起兵和大唐帝国的建立？

势不如人，一定要低头，目的是让自己与当时的环境有和谐的关系，把二者的摩擦降至最低，是为了保存自己的能量，以便走更长远的路，也是为了把不利的环境转化成对自己有利的力量。这是一种柔软，一种权变，更是最高明的生存智慧。

力不胜人者，勿言强也。

[译文]

力量不如别人的人，不要说勉强的话。

[解读]

自尊心和好面子的心理，常常使人说出勉强的话来。特别是身处下风的人，一旦失去冷静和克制，不该说的话倾泻而出，他就要为此而付出代价了。勉强说出的东西多是不实之词，对己造成的压力和对别人造成的伤害都是不能收回的，若是想凭大话吓人，为己脸上贴金，事实上只能适得其反。

[案例]

"酸秀才"遭到欧阳修讽刺

北宋庆历年间，欧阳修因推行新政失败，被贬滁州，后于庆历八年（公元 1048 年）任扬州太守。政治上失意的欧阳修寄情于扬州秀美的山水，在蜀岗中峰大明寺西南侧修建平山堂，并在堂前种竹栽花植柳。公暇之时，他常在平山堂举行游宴，以诗传情，以文会友，诗酒相和。

当时有一富家子弟，平日以"诗才"自居，大家都叫他"酸秀才"。

酸秀才自命不凡。他不远千里，风尘仆仆，去找文学家欧阳修比试比试。行至途中，酸秀才见路边有棵枇杷树，不禁诗兴大发，摇头晃脑地吟道："路旁一古树，两枝大丫杈。"直诌了这两句，就没有下文了。

此时，恰好欧阳修路过听到了，顺口替他续了两句："未结黄金果，先开白玉花。"酸秀才一听，点头叫好，于是约欧阳修一起来到渡口，去访"欧阳修"。

船家摇着小船儿往平山堂而去。欧阳修观看着两岸的田园景色，酸秀才还在絮絮叨叨地高谈阔论。一会儿，他对欧阳修说："昨天我得了两句好诗，非常得意，下面还没有想好，想今天拿给欧阳修续上两句。"欧阳修问他得了什么佳句，酸秀才眼一闭，摇头晃脑："野火烧山后，火归人不归。"

欧阳修一听，差点笑出声来，心里想："什么狗屁不通的句子！人不归还说得过去。火归，火有家吗？归到哪里去？"就对秀才说："我给你续上两句吧！"欧阳修笑了笑高声吟道："焰随红日远，烟随暮云飞。"

将要上岸，酸秀才又禁不住诗兴大发，吟道："诗人同登舟，去访欧阳修。"欧阳修忍俊不禁，哈哈大笑着说："修已知道你，你还不知修（羞）。"

欧阳修巧妙地利用"修"和"羞"的同音，讽刺酸秀才自以为是，太不知羞。

"力不如人，不言强也。"十步之内，必有芳草，做人要谦虚谨慎，决不能不懂装懂。在现实生活中，我们常常遇见像酸秀才这样半瓶子式的人物。这种人一知半解，却到处卖弄，自以为天下第一，一旦遇见真正的行家，就立即现了原形。布袋和尚曾说"低头方见水中天，退步原来是向前"，人总是眼高于顶则必容易落后，而谦虚低头，才能发现更好的事物，让自己收获更多。

王者不辩，辩则少威焉。

[译文]

称王的人不和人争辩，争辩会减少他的威严。

[解读]

精于言辞不是高高在上者的长项，也不是他们赢取高位的根本。相反，高高在上者纵是口齿伶俐，也会刻意不用其能，不会在言语上与人过多地计较，争个上下高低。在封建专制时代，权力和地位是最有说服力的，也是最有权威的，恃此便足以让人屈服。如果和人理论，不能以理服人，只会暴露出他们的无知和霸道，使之大白于天下，这应是高高在上者极力避免的。

[案例]

范尧夫：对非议不做辩解

范尧夫，是宋朝著名的政治家、文学家范仲淹的儿子，苏州吴县（今江苏省苏州市）人。范仲淹在《岳阳楼记》中有名句："先天下之忧而忧，后天下之乐而乐"，传之甚广；范尧夫也有几分其父的风范，官做得比他爹还大，在担任宰相期间，诸事办得都让皇帝满意，众朝臣也很少指责他的过失。他善于待人，处事更是游刃有余，他曾有句名言说："虚心以延众论，不必谋自己出。谋自己出，则谄谀得乘间迎合矣！"

范尧夫卸去宰相的职务后，在家闲居。有一次，大臣程颐登门来见他。两个人交谈多时，范尧夫便若有所思地说起他当宰相时的事来，问程颐道："年弟，你觉得愚兄那时的宰相当的怎么样？"看他的神情，听他的口吻，像是很怀念当年的风光。

熟人不拘礼。程颐是当时声名远播的理学大师，又是个出了名的直性子，一听他的问话，就直截了当地责怪他道："咱一家人就不说两家话啦。你任宰相时，有许多地方做得并不好，难道你现在不觉得惭愧吗？"

范尧夫"哦"了一声，目光看着程颐，似有不信之意。

程颐便说："你还记得吗？在你任宰相的第二年，苏州一带有乱民暴动，抢掠官府粮仓，有人把这个消息告知了你。本来，你应当在皇上面前据理直言才对吧，可你当时什么也没说，这是为什么呢？由于你的闭口不言，致使许多无辜的人遭到惩罚，说来这是你的罪过啊！"

范尧夫的脸上显出愧疚的神色，连忙道歉说："是呀！当初我真应该向皇上说几句话啊！我怎么就忽略了呢？这是我身为宰相而不爱民的过错，您批评得很对！"

程颐毫不客气地又说道："再说吧！在你担任宰相职的第三年，吴中地区发生洪涝灾害，百姓们食不果腹，只能以草根、树皮充饥。像这样的大事，地方官已报告很多次，你却置之不问，还是皇上提出要你去办理赈灾的事宜，你才采取行动。你看看，你身为堂堂一朝宰相，居其位、食其禄而不谋其事，也太不应该了！"

范尧夫的神情更加错愕，又连连点头说："您说得在理，在理！"

程颐批评起人来丝毫不留情面，底下又说了范尧夫的许多不是，然后告辞走了。事后他经常在别人面前数落范尧夫的过失，甚至说："其实呀！在我看来，范尧夫他就不是当宰相的料！他卸职压根儿就是应该的！"

有人把程颐说的这些话告诉了范尧夫。范尧夫只是笑笑，不作任何辩解。

过了好一段时间。有一天，皇帝召见程颐，问他几个问题。因为程颐是一代大儒，所以皇帝但凡有事就向他请教。

皇帝听了程颐一席治国安邦之策，感慨地说："爱卿你大有当年范相国的风范哩。"

程颐不以为然地说："难道范尧夫他也曾向皇帝进荐什么忠言良策吗？"

皇帝用手指着一个箱子说："那些都是过去他进言的札子，爱卿有兴趣不妨看一看。"

程颐似信非信地打开札子来看，脸色不禁渐渐变了，似乎很惊讶，又似乎很惭愧。原来，当初他指责范尧夫的那些事，什么苏州乱民抢官府粮仓，什么吴中百姓食草根树皮等事件，范宰相早就一一向皇帝上奏过了，也及时提出了处理的意见；只是由于某种客观的原因，施行得不够理想罢了。程颐的心里很难受，为自己错怪了范尧夫而内疚得再也说不出话来。

向皇帝告辞后，程颐立即上门拜访范尧夫，红着脸向他再三道歉。

范尧夫却宽和而诚恳地笑道："不知者不罪，您不必这样。"

后来，程颐"逢人说项"，消弭自己曾对范尧夫的

"胡说"。

智者行事，但求无愧于心，"王者不辩"。至于人所知与不知，是与不是，并不十分重要。因此，能容天下之人与天下之事者，自是气贯长虹、心同万物之人。

智者讷言，讷则惑敌焉。

[译文]

有智慧的人话语迟钝，话语迟钝可以迷惑敌人。

[解读]

说话是一门艺术。如何说话固然重要，有话不说也极为关键。俗话说言多必失，在善辩者嘴中总能寻到破绽和蛛丝马迹，善辩者往往在他们的自信中为人所乘。而智者的谋略，向来是秘而不宣的，讷言也是其谋略之一。他们制造假象，不露真容，在外表上示弱佯愚，目的就是掩饰自己，以骄其敌，为自己赢得更大的胜算。

[案例]

张廷玉：谨守"万言万当，不如一默"

张廷玉是一个智慧、心机、文笔、人品上都可以称为"精"的人。如果说一堆白骨天长日久可以变成白骨精，一只狐狸修炼几番就是狐狸精，那么张廷玉就是个"宰相精"。

张廷玉（公元 1672 年—公元 1755 年），字衡臣，号砚斋，安徽桐城人，清朝保和殿大学士、军机大臣、太保，封三等伯爵，历三朝元老，居官五十年。康熙进士，雍正朝保和殿大学士、吏部尚书、军机大臣，加少保衔，后加太保。雍正八年（公元 1730 年），长期和清廷对抗的蒙古准噶尔部煽动青海和硕特部首领罗卜藏丹津及西北各族反清，雍正帝为维护多民族国家的统一，决定出兵征讨。因战事紧急，军令需要迅速处理和严守秘密。所以，即令在隆宗门内设立"军机房"，嗣改称"办理军机处"，简称军机处。"命怡亲王允祥、张廷玉及大学士蒋廷锡领其事"，"廷玉定规制"。雍正皇帝临终，命其与鄂尔泰并为顾命大臣。乾隆朝，以两朝元老为朝廷所重，死后配享太庙。终清一代，汉大臣配享太庙者惟张廷玉一人。

张廷玉在任期间的主要工作是担任皇帝的秘书，对清廷政治制度的贡献是完善了奏折制度与军机处的运作规则。与其他直接处理政务的大臣不同，历史上并没有留下太多关于张廷玉的具体事迹。

张廷玉为人谨小慎微，谨守"万言万当，不如一默"。故雍正赞扬他"器量纯全，抒诚供职"，称其为"大臣中第一宣力者"。

曾先后纂《康熙字典》《雍正实录》，并充《明史》《国史馆》《清会典》总纂官。

张廷玉身为大学士、军机大臣，兼管户部、吏部、翰林院，又担任国史馆和其他好几个修书馆的总裁官，职务繁多，工作忙碌，这是可想而知的。他自己说，雍正经常召见他，一天召见两三次，习以为常。西北用兵以后，"遵奉密谕，筹划经理，羽书四出，刻不容缓"。从内廷出来，到朝房办公，属吏请求指示和批阅文件的常达几十上百人。他经常坐在轿中批览文书，处决事务。傍晚回到家中，仍然"燃双烛以完本日未竟之事，并办次日应办之事，盛暑之夜亦必至二鼓始就寝，或从枕上思及某事某稿未妥，即披衣起，亲自改正，于黎明时付书记缮录以进"。雍正也说他和鄂尔泰二人"办理事务甚多，自朝至夕，无片刻之暇"。

然而，他有什么政绩呢？翻阅有关史料，我们惊讶地发现，在整个雍正朝，张廷玉只做了两三件微不足道的小事情。他的事功不在于处理某件政事，而在文字工作和规划建立军机处制度，以及完善奏折制度。

张廷玉任职年久，长期处机要之地，在雍正年间，他虽然"最承宠眷"，然而"门无竿牍，馈礼有价值百金者辄却之。"他在皇帝身边服务，担负的又是机要文字工作，深知言多必失的道理，因而处处小心谨慎，办事十分细致周到。他对黄山谷说的"万言万当，不如一默"，极其倾倒，表示"终身诵之"。少说多做，既是他立身的主导思想，也是他的为官之道。他以皇帝的意志为意志，默默去做，不事张扬，事成归功于人主，事败自己首先承担责任。雍正赞扬他"器量纯全，抒诚供职"。乾隆称许他"在皇考时勤慎赞襄，小心书谕"。作为领导人的秘书，这些确实都是很值得称道的品质。

在生活当中，那些巧言令色、花言巧语的人，往往容易获得人们的好感，但是他们的人品却是不能信任的，一旦被他们的语言打动，相信了他们所说的，你就离危险不远了。而那些非常注重实干却很少说话的人，看起来非常木讷笨拙，其实才是真正可以值得相信的人。说得再多，没有实际行动，都不能表现一个人的真心。相反，没有太多话语，只有行动，就表明这个人的实干精神，毕竟世界是用双手去改造的，而不是用语言去改造的。不管是小人还是君子，人们可以从他的语言去分辨。

勇者无语，语则怯行焉。

[译文]

勇敢的人并不多言，多言会使行动犹豫。

[解读]

说大话的人，并不是真正的勇敢者。他们滔滔不绝，看似无所畏惧，其实这本身便是不慎重的表现，因此不能对他们抱以厚望。勇敢者的寡言看似平静，他们的内心深处却无时无刻不孕育着力量。对一切不轻易小视，对一切细心观察，这不是言语所能做到的。只有这样，他们才能在深思熟虑之后放手行动，而无迟疑和怯懦，事情亦能获得成功了。

[案例]

安陵君：讲究说话的时机，受楚王器重

战国时，楚王的宠臣安陵君能说善道，很受楚王器重。但他并不遇事张口就说，而是很讲究说话的时机。他有一位朋友名叫江乙，对他说："您没有一寸土地，也没有骨肉至亲可以依靠，却身居高位，享受厚禄，人们见到您，没有不整饰衣服、理好帽子，毕恭毕敬向您行礼的，这是为什么呢？"

安陵君回答说："这是大王太抬举我了。不然哪能这样！"

江乙便不无忧虑地指出："用钱财相交的人，钱财一旦用尽，交情也就断了；靠美色相交的人，色衰则情移。因此，狐媚的女子不等卧席磨破，就遭遗弃；得宠的臣子不等车子坐坏，已被驱逐。如今您掌握楚国大权，却没有办法和大王深交，我暗自替您着急，觉得您的处境太危险了。"

安陵君一听，恍然大悟，毕恭毕敬地拜问江乙："既然这样，请先生指点迷津。"

江乙说："希望您一定要找个机会对大王说'愿随大王一起死，以身为大王殉葬'。如果您这样说了，必能长久地保住权位。"

安陵君说："谨依先生之言。"

三年以后，安陵君仍然没有机会说什么。江乙又拜见，说："我给您说的，到现在您也没有实行，您既然不采纳我的意见，我要求从此不再会见您了。"

安陵君急忙回答："我怎敢忘却先生的教诲，只是一时还没有合适的机会。"

又过一段时间，机会终于来了。此时楚王到云梦泽打猎，一箭射死了一头狂怒奔来的野牛。百官和护卫欢声雷动，齐声称赞。楚王也高兴得仰天大笑，说："痛快啊！今天的游猎，寡人何等快活！待寡人万岁千秋之后，你们谁能和我共有今天的快乐呢？"

此时，安陵君抓住了机会，泪流满面地走上前来，说："臣进宫就与大王同共一席，出宫与大王同乘一车，如果大王万岁千秋之后，我愿随大王奔赴黄泉，变做芦草为大王阻挡蝼蚁，那便是臣最大的荣幸。"

楚王闻言，大受感动，随即正式设坛封他为安陵君，对他更加宠信了。

这件事说明，"勇者无语"，但必须在表达时把握时机非常重要，这个过程需要有充分的耐心，也需要积极进行准备，等待条件成熟，但绝不是坐视不动。

不该说话的时候却说了，叫作急躁；应该说话了却不说，叫作隐瞒；不看对方脸色变化便贸然开口，叫闭着眼睛瞎说。

说话是直接的语言交往，从来就不是一个人的事。双方当场对面，还要受到周围环境的种种限制。该说话时不说，马上时过境迁，失去成功的机会。一句话说到点儿上，很快拍板，事情就办成了。说话时机的把握，有时就在瞬息之间，稍纵即逝，时不待我，失不再来。因此，说话时机的把握，比掌握、运用其他说话技巧更难更重要。

忠臣不表其功，窃功者必奸也。

[译文]

忠臣不会表白他的功劳，偷取他人功劳的人一定是奸臣。

[解读]

夸耀己功，唯恐人所不知。这是私心作怪的反映。私心膨胀的人最易走向反面，而这绝不是忠臣应有的品质。一心为公的忠臣始终以国家利益为重，即使身有大功，他们也会看之很淡，更不会以此邀宠显能，以获得私利。奸臣则不然，他们处处营私舞弊，不惜为人所不齿，窃取别人之功，目的就是为己谋利。他们自知无德少能，便只能在嘴皮上苦下功夫了，这是所有奸臣的一大特征。

[案例]

武则天：将看淡功劳和荣誉的张循宪高升

武则天时，御史张循宪奉旨到河东一带视察。有一天，张循宪被一个问题难住了，就向当地的官员询问："这里有没有善于出谋划策的能人？"

有一位官员答道："有一个人叫张嘉贞，曾经做过一段平乡尉，因过失被贬官为民了。这个人非常有能力，善于谋划。"

"曾经有点过失没什么，只要能帮我出主意把事情处理妥当就行。"张循宪立刻派人把张嘉贞请来了。

张嘉贞名副其实，当张循宪把难题说出的时候，他立刻拿出办法，难题迎刃而解。张循宪又惊又喜，就对张嘉贞说："我想给朝廷上一奏章，能否请你代我起草？"

张嘉贞并不推辞。回到长安，张循宪叩见武则天皇帝。他先奏报了视察河东的情况和对一些问题的处理，最后就提出了那件曾束手无策的事情。听了这件事情，武则天说："此事确是棘手，应当如何处置，需仔细斟酌……"言下之意，处理不了也不为过失。

张循宪说："这件事情已处理完毕。"

"噢？是怎么处理的？"武则天很感兴趣地问。张循宪就把处理办法及结果奏报一番。武则天满意地笑了："卿家真是不负朕望。有这样的御史，诚属难得。好，朕会记住你的功劳！"

"启奏陛下，"张循宪说，"这件事情不是臣处理的，是别人出的主意，臣只是按那人的主意办的。"张循宪就把请张嘉贞的事详细奏明。

"能虚心求教，采纳好的主意，这也是一大长处。"武则天说。想了想又问："卿家一路巡视，对地方吏治与民情多有体察，对今后治世有没有什么想法啊？"

张循宪就等这句话呢，武则天话音刚落，他便立刻将奏章呈上，说："有，臣有奏章在此。"

武则天看罢奏章，惊喜异常："爱卿所奏见解高超，建议精当，说理透彻，文笔犀利。想不到卿家近来的见解大有长进啊……"武则天笑容满面。

张循宪忙说："启奏陛下，这奏章不是臣的手笔……"

"唔，我说你平时没有这么高的见解嘛。这是谁的手笔？"武则天问。

"张嘉贞。"

武则天追问道："为何不早说呢？"

"奏章如果不对圣心，臣就不说了。"张循宪笑了，武则天也笑了。

"陛下，今日臣来见驾，第一件大事是要保荐张嘉贞。臣已经对他说过，一定要推荐他，让朝廷重用。"

"依卿之见，保荐他任什么职？"

"臣与张嘉贞相比，真是有如天壤之别，就把我的官衔让给他吧！"

武则天哈哈笑了，说："爱卿看淡功劳和荣誉，老老实实说明事实真相。说过保荐贤才就全力保荐，竟肯让出自己的官衔。如此诚实可信的人，朕怎么会用了他而不用你呢？"

最后，武则天不但任用"不表其功"的张嘉贞为监察御史，还将张循宪提升为司勋郎中。

君子堪隐人恶，谤贤者固小人矣。

[译文]

君子可以替人隐瞒缺点，诽谤贤德之士的人一定是小人。

[解读]

可以说，攻击贤能之人是宵小之辈的标签，他们对此从不止步，便让他们的本来面目彻底显现。而君子的美德是替人揽过，掩饰其失，不肯多说一句贬损别人的话。和小人相比，他们的崇高品行不是建立在"言"上，这才是识别君子小人的不二法宝。

[案例]

王钦若：做尽了口蜜腹剑、暗中害人的事

宋景德年间，真宗的皇后郭氏病逝，真宗准备立刘德妃为皇后。朝中文武百官有的赞成，有的反对。头一

个站出来反对的是翰林学士李迪。他的理由是刘妃出身低贱，不足母仪天下。真宗辩解说刘妃的父亲曾做过都指挥使。这时又有参知政事赵安仁，奏云立刘妃为后，不如立出自相门的沈才人为后，能够深孚众望。赵安仁所说的沈才人是宋初宰相沈义伦的孙女。众人七嘴八舌的议论令真宗十分恼火，他说："立后不可乱了仪制顺序，况且刘妃才德兼全，符合皇后的标准，朕意已定，卿等不必再议！"众人碰了一鼻子灰，只好告退。

退朝后，真宗虽一时气不能消，但李迪、赵安仁等都是朝廷的忠臣，平时恪尽职守，真宗实在找不出什么理由来处置他们。这一切被一贯善于揣摩真宗心理的王钦若看得清清楚楚。第二天，真宗与王钦若议论大臣中谁最优秀时，王钦若别有用心地说："赵安仁当属最优。"真宗不解，王钦若说："谁也比不了赵安仁，他昔日曾得故相沈义伦的提携，至今仍不忘旧情，常常要报答沈家。"真宗闻听此言，沉默良久。次日一早，真宗就免去了赵安仁参知政事的职位。

像这般口蜜腹剑、暗中害人的事，王钦若实在做得太多。澶渊之盟签订前，宰相寇准设计将王钦若调开，出守天雄军。王钦若从没吃过这样的哑巴亏，他不得不到天雄军，却时刻窥测形势。当战争一结束，真宗就急忙把他召回朝廷。王钦若自知此时的寇准功绩赫赫、大红大紫，自己一时不是他的对手，就请求辞去参知政事一职，改任资政殿学士。

一天上朝，寇准奏事后先退下，真宗面含微笑，一直目送着寇准的身影。在场的王钦若问真宗："陛下如此敬畏寇准，是否因为寇准有社稷之功？"真宗点头称是。王钦若用心险恶地说："澶渊一仗，陛下不以为耻，反而将寇准视为功臣，臣实在不明白。"真宗惊愕王钦若为何口出此言。王钦若接着说："城下乞盟，乃《春秋》视为不齿的行为。澶渊之战时，陛下亲征，身为天子，反与外夷签下城下之盟，难道不是可耻吗？"听着王钦若的话，真宗的脸色又白又红。王钦若见真宗已经心动，继续说："臣有一句简单的比喻，就像赌博，钱即将输光了，却还要倾囊下注，这叫'孤注一掷'。陛下正是寇准的孤注，难道不危险吗？幸而陛下弘福大量，才免于失败的结果。"真宗红脸胀头地说："朕知道了。"

王钦若短短的几句话实在歹毒之至。从此，真宗对寇准越来越冷淡，以至于最后竟然罢免了他的相职。

《论语》中说："话说得很动听，爱观察别人的脸色行事，仁义就减少了。"意思是说，言语很动听，机敏地观察别人的脸色，尽力修饰言行，用来取悦别人。那么，人的欲望虽得到满足，但本心的仁德就没有了。像王钦若这样巧言令色、善于诽谤他人的小人交往时要相当小心，否则就会被他们陷害。

誉卷五

好誉者多辱也。

[译文]

喜好名誉的人多数会遭受侮辱。

[解读]

追求名誉是要付出代价的，这包括许多世俗利益的舍弃和个人的艰辛努力。好的名声得来不易，人们对名誉的看重也使之成为"炙手可热"的东西，无人不对之怦然心动，有心取之。由此带来的名誉竞争就远非名誉本身那样简单了，别有用心、心怀嫉妒、巧取豪夺的人在此总会大做文章，把每一个争取名誉的人视为敌手，横加攻击，多方设障，将各种侮辱的事强加在每个对手身上。同时，世俗的偏见和误解，也是求誉者必须闯过的关隘，这就更增加了他们遭受磨难的程度。

[案例]

颍考叔：傲气争功，被一记暗箭伤了性命

春秋时期，郑庄公准备伐许。战前，他先在国都组织比赛，挑选先行官。众将一听露脸立功的机会来了，都跃跃欲试，准备一显身手。第一个项目是剑格斗，众将都使出浑身解数，只见短剑飞舞，盾牌晃动，争斗不休。经过轮番比试，选出了六个人来，参加下一轮比赛。

第二个项目是比射箭，取胜的六名将领各射三箭以射中靶心者为胜。第五位上来射箭的是公孙子都，他武艺高强、年轻气盛，向来不把别人放在眼里。只见他搭弓上箭，三箭连中靶心。他昂着头，瞟了最后那位射手一眼，退下去了。

最后那位射手是个老人，胡子有点花白，他叫颍考叔，曾劝庄公与母亲和解，庄公很看重他。颍考叔上前，不慌不忙，"嗖嗖嗖"三箭射出，也连中靶心，与公孙子都射了个平手。

比赛进行到最后，只剩下两个人了，庄公派人拉出

一辆战车来，说："你们二人站在百步开外，同时来抢这部战车，谁抢到手，谁就是先行官。"公孙子都轻蔑地看了一眼对手。哪知跑了一半时，公孙子都脚下一滑，跌了个跟头，等爬起来时，颍考叔已抢车在手。公孙子都哪里服气，拔腿就来夺车。颍考叔一看，拉起来飞步跑去，庄公忙派人阻止，宣布颍考叔为先行官，公孙子都怀恨在心。

颍考叔不负庄公之望，在进攻许国都城时，手举大旗率先从云梯上冲上许都城头。眼见颍考叔大功告成，公孙子都嫉妒得心里发疼，竟抽出箭来，搭弓瞄准城头上的颍考叔射去，一下子把颍考叔射了个"透心凉"，从城头栽下来。另一位大将瑕叔盈以为颍考叔被许兵射中阵亡了，忙拿起战旗，又指挥士卒冲城，终于拿下了许都。

在这个故事中，悲剧的发生也许应归罪于公孙子都的嫉妒之心太强，但颍考叔的锋芒太盛、傲气争功也是一方面。作为一个已有功在身的老臣，他其实没有必要再去和年轻的将领争功了，但他却总有立功求赏之心，结果被一记暗箭伤了性命。

凡事有一利则有一弊，不能在最复杂的名利中锻炼自己的心态，也是小隐而已。大隐隐于市，小隐隐于野。能够在名利中，不随波逐流，超然处世，才是真正的高明。

不追逐名利的人，是逍遥的人，没有负累，一身轻松，做自己想做的事情，说话也不用违背自己的意愿。不用刻意忍耐什么，身心都处在散漫自在的状态里，这是名利中人所羡慕的。

誉满主惊，名高众之所忌焉。

[译文]

赞誉太多君主就会惊恐，名声太高就会招来众人嫉恨。

[解读]

俗话说功高震主、树大招风，名誉给人造成的伤害往往是出人预料的。知道这一点，在名誉面前就该有所停止，有所顾忌，而不要求之太过了。上司的心理和众人的欲望往往左右着一个人的进退举止，不照顾这些层面而一意孤行，不仅可以毁了一个人的努力，更能毁灭一个人的一生。上司主宰着下属的命运，众人牵扯着一个人的生存环境，如果能从这个大背景下考虑名誉的取舍，自己才能真正从中获利。

[案例]

李泌：只字未提自己的辛劳，极力夸赞德宗皇帝

唐朝的李泌在政坛上名声显赫，他曾先后被四代皇帝宠信，同时也深受朝中大臣们尊崇，这是绝大多数人都做不到的。究其原因，是他通晓与皇上和大臣们相处的诀窍。

李泌深受唐德宗恩宠，被封为宰相。这一年，西北边陲的回纥想与唐朝议和，可德宗皇帝因早年受过回纥人的羞辱，至今仍怀恨在心，所以找出千般理由就是不答应。李泌深知议和对双方都是有利的事，一定得促成此事。于是，多次进谏陈述利害，一日，德宗皇帝听得烦了就把他严加斥责了一番。

李泌的朋友就劝诫他说："皇上态度坚决，您切不可再提此议了，否则就离祸事不远了。"

"其实，皇上知道与回纥议和的好处，只是不能忘记当年之辱。如果错过了这个机会，皇上早晚会怪罪于我的。"

过了一段时间，德宗皇帝慢慢想开了，怨气也消了，便接受了李泌的劝告。并亲自接见了回纥首领，亲自与之交涉，终使他们答应了唐朝的五条要求，且向唐朝皇帝称儿称臣。

这件事实际上十分艰巨，全凭李泌的背后策划才得

以完成。德宗也觉事情进展得很顺利，就询问："回纥人为什么如此顺从？"

李泌只字未提自己的辛劳，反而极力渲染夸赞德宗说："陛下威名远播，回纥人定是十分敬畏，才会使这件事不费吹灰之力。陛下胸怀四海，不计前仇，纵是虎狼亦会感化，何况是人呢？"德宗皇帝听后高兴至极，竟一把抓住李泌的双手，久久不肯松开。

从此，德宗对李泌更加宠信。

名高遭忌，人生在世，要学会以出世的心态做入世的事情。拿得起——决定做一件事，是为了证明自己的智慧与价值，帮助因缘和合的人；猜得到——做好做成一件事，是因为天时、地利、人和都运用得恰到好处，促使其成功；看得破——做任何事无非是名与利，如果紧紧抓住不放，终究也是贪婪俗人一个，其所有价值不是可以用物质衡量的；撒得开——离开了曾经拥有，是因为完成了已经证明了自己的阶段智慧，事情已过，人生境界应该进入另外一个高度了。

誉存其伪，谄者以誉欺人。

[译文]

名誉有虚假的，谄媚的人用它来欺骗他人。

[解读]

名誉的真伪，许多人是懒得分辨的；加诸自己身上的名誉，人们大多喜欢接受。人性的这一弱点，最容易为人所利用而不自知，从而掉入他人的陷阱。特别是对有权有势的人来说，由于他们位高权重，人们出于各种目的都会极力恭维他，谄媚者更会花言巧语，大唱赞歌，以此讨其欢心，这就更该引起有权有势者的警惕了。无端吹捧自己的人，不仅人品有疑，而且必有图谋，陶醉其中者只能为他们所驱使。

[案例]

燕王哙：不能看清子之"忠厚勤恳"的真面目

燕王哙，是春秋战国时期燕国燕文公之孙，燕易王之子。担任国君后，贪图享受，荒于酒色，不理政事，一切事物务委任于宰相子之。而子之这个人野心勃勃，早就有着篡权的阴谋，他与客卿、能说会道的苏代、苏厉兄弟俩关系很好，于是二人经常在各国诸侯和燕王面前说子之的好话，子之每次都以重金相谢。同时，子之更是伪装忠厚勤恳的模样，背地里却结纳朝中文武大臣，使之成为自己的心腹。

有一次，苏代出使齐国回来后，燕王便问道："听说齐国的宰相孟尝君是天下最贤良的人，齐王有了这样的贤臣，是可以称霸天下的。"苏代为了进一步提高子之的权势，便借题发挥道："不是这样的。"哙复问道："难道这不是真的吗？"苏代马上切入正题道："知道了孟尝君是一个贤明的人而没有重用，又怎能称霸天下呢？"哙叹息道："可惜我得不到孟尝君这样的人为宰相。否则，什么事情和职务都能交给他。"苏代立即答道："我们燕国的宰相子之，文武双全，智勇兼备，处理政务十分熟悉，为人又贤良，是咱们燕国的孟尝君也。"

由此，燕王更加相信子之，一切权力都集中在他手中。这还不算，有一天，燕王哙问大夫鹿毛寿道："古时候这么多的帝王，为什么独独称颂尧帝和舜帝呢？"鹿毛寿也是子之的党羽，便趁机说道："尧舜所以能够成为圣者，受后世尊敬，是因为尧帝能够将王位让给贤明的舜帝，而不传给自己的儿子，舜帝能够传给立有大功、有能力管理国家的禹而不传给儿子。他们都能够以国家、社稷为重而不顾私情。"哙再问道："为什么禹却传位于儿子而没有传给贤者呢？"

鹿毛寿这时更加卖弄奸诈，吹风点火地说道："禹也曾经让位于益，但只是让他代理，没有废掉太子，所以禹死后，太子启便名正言顺地从益的手中夺取了政权，所以后人议论起来，让位禹的德贤不如尧舜，说他故意欺骗，存在私心呢。"这时燕王哙便说道："我想让位于子之，你看行不行。"鹿毛寿正要引出此话，这时正中下怀，马上回答道："大王如果能够这样做，这与尧舜又有什么两样呢。"于是这个愚蠢的燕王哙便召集文武大臣，宣布自己禅位给子之，将太子姬平也废掉。并且在子之、鹿毛寿和苏代、苏厉的要求下，将朝中三百石俸禄以上的官员全部免职，由子之重新任命，为子之篡权扫清了全部障碍。

子之上台后，狼子野心全都暴露出来，顺我者昌，逆我者亡，对于帮助他上台的苏代和鹿毛寿这两人都封为上卿，而燕王哙作为他的臣子被逐出王宫，有事还必须向子之请示汇报，并时时派兵监视，这时哙完全失去自由，将军市被很是不服，乃率本部兵马向子之进攻，绝大多数百姓也愤愤不平，也一起跟着向王宫进军，双方战斗了十多天，死伤几万人。最后，由于子之大权在握，财粮充足，将军市被战死，百姓伤亡惨重。鹿毛寿更是阴险地说道："市被之所以与众百姓敢于作乱，是因为还有废太子在，应该将他杀掉以绝后患。"而故太子平与他的老师郭槐在乱事发生时，见奸党势力庞大，便事先逃到深山老林中躲藏起来。

从此以后，子之大权在握，为所欲为，全国民众怨声载道，齐国国君齐湣王知道了燕国的内乱后，认为有机可乘，便打着平乱的旗子，派大将匡章统率十万大军向燕国进兵。燕国的人民因为恨子之入骨，便纷纷迎接齐军并加入队伍，而燕军将士们本来就不满，见齐军前来，就联合起来一道向子之进攻。这时，子之只剩下少数的亲信和死党，根本不是齐军的对手。因此，鹿毛寿战死，苏代兄弟逃往周王朝去了。子之则被擒获，最后被齐王用千刀万剐的刑法杀死了。而燕王哙也自知罪孽深重，愧对国人，只好自缢而亡。

生活中，有的人外貌温厚和善，行为却骄横傲慢，非利不行；有的貌似长者，其实是奸人；有的外貌圆滑而内心刚直；有的看似坚贞，实际上疲沓散漫；有的看上去泰然自若，迟迟慢慢，可他的内心却总是焦躁不安。目空一切的人看样子很聪明；愚蠢的可爱的人看上去像个正人君子；鲁莽的人看上去往往好像很勇敢。

对于这些，我们必须明辨之，谨防之。

名不由己，明者言不自赞。

[译文]

名望不是自己所能左右的，明智的人不会自我赞扬。

[解读]

树立声望、培养形象有多种方法，但自吹自擂是绝对禁忌的。如果不在此止步，想树立声望只能是缘木求鱼、南辕北辙了。谦逊是名望的重要内涵之一，也是赢取名声的一个根本，认识不到这一点，只能归于愚蠢。那些幻想通过权势、武力、威逼、收买等手段为己立威的人已然大错，何况自我夸耀呢？相信他人的违心赞颂，离危险就不远了。

[案例]

荀攸：对自己的功绩始终守口如瓶、讳莫如深

荀攸是三国时期曹操手下的著名谋士，自从一九六年被荀彧举荐给曹操后，荀攸凭借自己出色稳定的发挥稳坐曹操战术上的首席军师。

作为军师的十八年间，他战术上奇谋不断，辅佐曹操征张绣、擒吕布、战袁绍、定乌桓，屡战屡胜，军事能力在三国谋士中无人能出其右。

他曾将自己为曹操出谋划策共十二计的整理工作交付于钟繇，可惜钟繇未能完成，使得我们无法看到荀攸奇谋的全貌了，但仅流传下来的几个奇计也足以让荀攸跻身于最顶尖的谋士之列。

随着他立的功劳越来越大，他的官位也越做越高，一直做到了尚书令，但是他从不虚张声势，反而行事低调，大智若愚，心思缜密，小心行事，特别是目睹叔叔荀彧的悲惨遭遇后更加小心翼翼地周旋于险恶的政治旋涡之间，才得以在极其残酷的人事倾轧中始终地位稳定，立于不败之地。

曹操对他评价说："公达外愚内智，外怯内勇，外弱内强，不伐善，无施劳，智可及，愚不可及，虽颜子不能过也。"意即赞美荀攸外表愚陋而内里明智，外表怯懦而内里勇敢，外表柔弱而内里刚强，不夸耀自己的长处，不显示自己的功劳，他的智慧可能有人能赶上，但外表的愚陋是任何人都赶不上的，即使颜回这样的贤人也不能超过他。

颜回大家都知道，孔圣人最得意的弟子，特点就是看起来傻，孔子说他上课时从不提问题，孔子都觉得他有点傻，可下课和同学讨论时，孔子发现，颜回很能发挥自己的见解。荀攸就像颜回一样属于外愚内智的人，无论在曹操面前还是在同僚周围，总是表现得很谦卑、文弱、愚钝、怯懦。

有一次，他的姑表兄弟辛韬曾向他问及当年为曹操谋取袁绍冀州的情况，荀攸却极力否认自己的谋略贡献，他说："辛佐治替袁谭来见曹公乞求投降，朝廷就派军队前去平定了他们，我哪里知道这些事呢？"

有人曾以"张良、陈平第二"来称赞他，但他本人对自己的功绩始终守口如瓶、讳莫如深，从不向外人炫耀。无论是他的才能还是他的人品，曹操都对其推崇备至，曹操甚至把长子曹丕托付给他，说："荀公达，人之师表也，你当尽礼敬之。"曹丕对曹操的话铭记在心。荀攸生病，曹丕拜在床下问候，像对父亲一样地尊敬他。

建安十九年（公元214年）秋七月，荀攸在尚书令位置上不到一年便去世在跟从曹操征战孙权的路上，时年五十八岁。对于荀攸的故世，曹操非常伤心，每次提起此事曹操就痛哭流涕，对他的品行极为欣赏："孤与荀公达周游二十余年，无毫毛可非者。荀公达真贤人也，所谓'温良恭俭让以得之'，孔子称'晏平仲善于人交，久而敬之，公达即其人也。'"这句赞词虽然看似语无伦次，实则包含了三层意思：一是充分肯定了自己与荀攸相处了二十余年，从未发生过丝毫不愉快；二是肯定荀攸的品行，将他比之于孔子；三是称赞荀攸的人际关系很好，将他比做善于与人交往的晏子。

　　荀攸位居高位却能得以善终，是因为荀攸深知势力埋伏着凶险，过度炫耀自己会引来祸患，所以他总是给人一种少言寡语、无惹人起眼的谋士形象。

　　曾国藩曾经研究过《易经》，他说："日中则昃，月盈则亏，天有孤虚，地阙东南，未有常全不缺者。"事物就是这样此消彼长、祸福相依的。所以，清代的朱柏庐在劝诫后人时说："凡事当留余地，得意不宜再往。"一旦什么事情做过了头，就要注意它会走向对立面。

　　在与人交往的时候，即使是需要表现自己的时候，也要把握分寸，尽量让自己的言行举止都做到"适中"、恰到好处，千万不要过分表现、夸耀，不然就有可能会遇到意想不到的麻烦或灾祸了。

贪巧之功，天不佑也。

[译文]

贪婪和巧取所得的功名，上天不会保佑他。

[解读]

用不正当手段而取得的名誉，常是祸患的根苗。

利欲熏心者不惜用下流方法来获取名誉，无不是为了借誉生利，而天理公道自在人心，他们的阴谋终会败露的。坚信这一点的人，总不会在名誉的取得上施展手段，而是靠本事和努力去赢得，这就深合天理大道了：名誉表面上是人所赋予的，实际上却是苍天对仁人智者的一种褒奖。违逆天理的人，善果是不会属于他的。

[案例]

诸葛恪：骄傲让他为自己掘就了坟墓

三国时期，吴国大臣诸葛瑾的儿子诸葛恪，是蜀国丞相诸葛亮的侄子。也许是家庭博学的氛围所致，他从小就聪慧过人，不仅才气出众，思维敏捷，擅长随机应变，还有着出色的辩才，因而也颇得孙权的欢心和信任。

有一次，孙权摆下宴席把大臣都请到了宫里。席间，孙权酒过三巡之后想让大家高兴一下，就想出了一个整人的恶作剧。他叫人把一头驴牵到庭院里，大家一看都大笑起来，原来在驴脖上还挂着一块牌子，上面写着"诸葛子瑜"几个大字，而"子瑜"则是诸葛瑾的字。见此情景，诸葛瑾怒火中烧，感到自己被戏弄了，就拉长了脸，可这样一生气却更像驴脸了，在场人看了禁不住又是哄堂大笑。其实，三国时人们喜欢学驴的叫声，驴也是当时重要的交通工具，开这样的玩笑也不算过分。诸葛恪思索片刻，就跪在孙权面前，请求加上两个字。得到允许后，他添写了"之驴"这两个字在上面，这样牌子上的字就成了"诸葛子瑜之驴"了。这个改动又让所有人都笑了，大家对诸葛恪的聪明赞许不已，孙权也就做了个顺水人情，把这头毛驴赏给了诸葛恪。

不久，孙权宴请蜀国使者费祎。事前，孙权先告诉众部下说："使者来吃饭的时候，你们只管低头吃不要抬头。"这一天，费祎来赴宴了。孙权吃到一半却放下筷子不吃了，而下面的大臣们却都在低头吃东西。看到这样的情景，费祎就带嘲谑的口气吟诵了几句："神鸟凤凰回旋而飞，当麒麟停止吃食的时候，只有驴骡无知，仍是低头不停咀嚼。"诸葛恪听了这话马上回答说："种植梧桐之树，为了等待凤凰，何方飞来燕雀，自称凤凰飞翔？何不弹射一弓，叫他乖乖飞还故乡！"听了诸葛恪的回答，挽回颜面的孙权大笑不已，从那以后他对诸葛恪是更加器重了。

知子莫若父。在诸葛瑾看来，儿子诸葛恪所表现出来的才华却是非常危险的，木秀于林，风必摧之，这是很浅显的道理，因为他清楚，诸葛恪恃才傲物，这样早晚会得罪他人，惹出事端来。因此，诸葛瑾也常常为这个太过聪明却不知处世的儿子而忧虑。

不久，吴国重臣陆逊病故，孙权于是任命诸葛恪为大将军，把军事大权全权交由他掌握。七年后，孙权病故，留下遗诏让诸葛恪辅助国君。这个时候，诸葛恪已经身居吴国最重要的位置。就在这个时候，魏国的司马昭利用吴国刚刚失去国君正是举国哀痛的时机，大举进兵讨伐吴国。于是，诸葛恪亲自率领大军在东兴迎面还击魏军，首次交战便把魏军打得落花流水，抱头鼠窜。因为这次胜利，诸葛恪的声望在吴国深得人心。据说，当时吴国的百姓只要一看到诸葛恪外出远行，就会聚集在他周围为他送行。面对这样的现象，诸葛恪自己也是洋洋自得。

被胜利冲昏了头脑的诸葛恪，认为魏国不堪一击，他准备大举出兵攻打魏国。但是，这一次他遭到了吴国大臣的一致反对。大臣们认为，吴国因为连年多次出兵征战，军队已是相当疲劳，不宜久战，况且魏国国力强盛，取胜的机会几乎为零。然而，急于求成的诸葛恪却一意孤行，他认为只凭借自己的才干，就足以扫平中原、统一宇内，于是他不顾众人反对，下了全国紧急总动员令，准备攻魏。

骄兵必败！诸葛恪率领二十万大军包围了魏国的新城，然而耗费了两个月的时间也没能攻下城池。而在这期间，士卒由于极度困乏，加上当时的天气非常炎热，军中瘟疫流行，很多士兵都病倒了。部下天天向诸葛恪报告士兵病倒的情况，但他却认为他们是为了让自己退兵而在胡说八道，诸葛恪甚至命令把前来报告的人处以斩首。想着自己带领二十万大军，却连一座小小的城池都攻打不下来，诸葛恪感到很没面子，因而他常常满面怒气大声训斥部下，可是即便这样也无法挽回败局。无计可施的诸葛恪只好下令撤退。撤退之时，生病的士兵东倒西歪堵住道路，或倒在沟里，或给敌人当俘虏，呻吟、哭救之声不绝于耳，伤兵的场面更是惨不忍睹，而诸葛恪却依旧衣冠整齐，仪仗威严，对将士们不闻不问，一副满不在乎的样子。这样的态度引起很多军士对他愤恨不已。

这一次战败，让诸葛恪尽失人心，朝廷内外也是严厉地批评指责他。控制近卫军的武卫将军孙峻看到这个情景，顿时萌生了夺权之心。他强迫皇帝孙亮设宴招待诸葛恪，却在暗中埋伏下刀斧手，伺机杀了诸葛恪，并将其抄家灭族。诸葛瑾当年的担忧竟在若干年后成为事实。

其实，以诸葛恪的才干，确实是可以成就一番大事的，但"贪巧之功，天不佑也。"骄傲却让他为自己掘就了坟墓，无法成就伟业，而成千秋笑柄。

赏誉勿轻，轻则誉贱，贱则无功也。

[译文]

赏给他人名誉不要太随便，太随便了名誉就不贵重了，不贵重就失去了它的功效。

[解读]

名誉作为一种奖赏，向来是为上者统御下属的一种重要手段，也是激励世人为国建功的一个有效举措。几千年来，为利而亡者比比皆是，而为名为誉献身者也前后相继，可见它的作用之大。

[案例]

李渊：坚持贯彻论功行赏

隋朝末年，隋炀帝荒淫无道，各地纷纷起兵反隋。镇守太原的唐公李渊，欲与群雄争夺天下，也于恭帝义宁元年（公元617年）在太原起兵。李渊高举义旗，所属州郡陆续响应，广大民众纷纷前来应募，不几天军队扩充了一万多人。李渊对所属将士不分贫富贵贱，都以义士相称，使全军上下相处融洽。此时，西河郡丞高德儒反对李渊起兵。李渊就派长子建成、次子世民一同领兵征讨。由于二人与士兵同甘苦，作战又身先士卒，使参战将士意气风发，斗志昂扬，往返只用了九天，就讨平了高德儒部。在行军作战中，部队纪律严明，沿途见到瓜果蔬菜不付钱不吃，偶然有个别士兵偷瓜果，一经发现，立刻寻找失主，按价偿还，对偷窃的人也不予深究。因而，不但军内关系更加和睦，而且深得民众称颂，以致应募的人越来越多，很快发展到三万多人。因为将士们和衷共济，团结一心，奋勇作战，所以军中很少有人计较贫富贵贱、出身等级的问题。

六一七年七月，李渊留下四子元吉镇守太原，亲率三万人马向隋都长安进军。大军进到霍邑（今山西霍州市），遇到隋将宋老生的顽抗。又适值阴雨连绵，道路泥泞，粮秣供应不上，同时还传来突厥兵进攻太原的消息。李渊顾虑重重，不敢冒进，打算回师太原，待机再举。在一部兵力开始北撤时，李世民说服李渊收回了撤兵的命令。八月，天气晴朗，李渊率军一战取胜，斩杀宋老生，攻克霍邑，为向长安进军打通了道路。

李渊攻克霍邑，似绝处逢生，十分欣喜。进入霍邑城中，立即下令各部评议军功，奖励义士。这时，有些军吏提出疑问说："军中虽不分贵贱统称义士，可是这义士里面有主有奴，有贫有富，包含着许多等级。奖励军功，能做到主人和奴隶不加区分吗？"这个影响内部关系的重大政策问题提出后，使李渊感到十分为难。他既觉得主奴不分不成体统，可又有许多事实使他不便严格区分。心想：在我身边英勇作战，屡建功勋的钱九陇和樊兴等人都是奴隶出身，能够埋没他们的功劳吗？女婿柴绍从军作战，将女儿留在关中，因得到马三宝的帮助，在关中响应起义，已发展到数万之众。对马三宝能另眼看待吗？再看军中应募参军的奴隶为数众多，而且作战大都十分英勇，如果在奖励军功时不能一视同仁，必将使他们心灰意冷，削弱部队的战斗力。为了争夺天下，权衡利弊，他不得不暂时抛开盛行于封建社会的等级观念，当众宣布："两军交战，刀枪弓矢不分贫富贵贱，为何论功行赏时却要有高有低呢？必须一视同仁，不分主奴，论功行赏！"号令一出，全军上下无不雀跃欢腾。这一政策的实施，不但进一步增强了军队内部的团结，而且在民众中也发生了积极的影响，使部队迅速扩大，为进军关中造就了更为有利的形势。

由于李渊能够坚持贯彻论功行赏、一视同仁的政策，所以有些奴隶出身的人，因屡建战功而获得了很高的封赏。钱九陇后来升任到眉州刺史、巢国公，樊兴升任到左监门大将军、襄城郡公，马三宝升任为左骁卫大将军。李渊的这一政策，不仅对唐朝的建立起了重要作用，而且也为以后的一些封建王朝树立了一个争取民心的范例。

名誉及权力之所以让人舍生忘死，关键之处全因为它贵重，不易得到。如果当权者忽视和轻视它，任人唯私，轻易赏人权位荣誉，毫不慎重，不仅受奖之人不知感恩，而且世人也会由此不以所受奖励为重，更无人为之效力了。

受誉知辞，辞则德显，显则释疑也。

[译文]

接受荣誉要懂得辞让，辞让就能显现美德，显现美德就可以解除猜疑了。

[解读]

获得荣誉、赢得名声是一次机遇，也是一次考验。如果心安理得地接受，全没有一些辞让之心，这样的人不仅让上司猜疑，也会让别人多有非议。在上司的眼里，纵使下属功劳再大，也不该忘却上司的存在，不忘对他心生敬畏，反之则是野心家之类，应当防范了。在其他人看来，如果一个人有功自傲，目中无人，他就无法让人依靠和信赖，人们对他便失去了信心，由此滋生抵触情绪，也会引发拆台之举。

[案例]

许容：仁厚谦虚成大器

清朝顺治年间，浙江人许容善于写文章，十分有名。但是，他十分谦虚，从不拿自己和有才能的人相比，更不敢与古代的圣贤媲美。

当时学校测试士子，许容的一个朋友偷了他的文章，得到了第一名。他的朋友得意忘形，见人就吹嘘，甚至还在文章真正的作者许容面前自夸。许多朋友都为许容感到不平，想当面斥责那个无耻的人。许容却极力劝阻大家："文章的遭遇，关系着一个人的命运。他的命运该当第一，与文章有什么关系？何况那篇文章的确不是我写的，你们不要误会了。"那个偷他文章的朋友听说后，光着膀子跑来向许容认错，并再次向他索求文稿。许容将自己最好的文稿给了他。

后来的考试中，得到许容文稿的那个朋友凭借该文章居然考上了进士，而许容却名落孙山。这个朋友非但不感谢许容，反而在当上县令后遇见许容假装不认识。对此，许容也不计较。

许容后来考中了进士，被皇帝钦点为山东巡抚，正好是他那个朋友的顶头上司。他的朋友无颜来见许容，就上书告病。仁厚的许容却安慰这位朋友，对他像从前一样。

在很多情况下，谦让都是实用的"美德"，所谓"谦受益"是也。举实例来说，帝王以"礼贤下士"为美德，为的是什么呢？让他们效忠尽力。名将吴起以爱护士卒著称，有一名士卒腿上生了毒疮，将军亲自用嘴给他吸出脓血。知道此事的人无不称颂，那名士卒的母亲却悲叹说："这孩子不会活着回来了！"为什么呢？她解释道："以将军之尊贵，亲自给他吮吸毒疮，他还不感恩至极，死在战场上吗？"总之，一个谦让的人，并不一定损失自己的利益。相反，在把细琐的利益让给他人的同时，你有可能在一般人不懂的或无力追求的地方，获得你真正需要的更大的利益。

求取利益的学问博大精深。其实，归纳总结起来也并不复杂玄奥，那就是当进则进，当止则止，既不能急功近利，贪得无厌，也不能消极无为，心如止水。在此能做到恰到好处是十分不易的，有大智慧肯辞让功劳的人也是很少的，人们的势利和短视使大多数的人失去了出人头地的机遇，盲目地占有和狭隘的自私更使人因小失大，难成大器。

上下无争，誉之不废焉。

[译文]

上司和下属没有争斗，他们的名誉就不会被废弃了。

[解读]

上下不和，争权夺利，不仅是官场上许多人致祸的原因，也是社会其他领域共存的一个毒瘤。在名誉面前的互不相让，直接导致了种种丑恶事件发生，直至同遭废弃，身败名裂。名誉的取得和巩固，凭一人之力难以完成，不懂得谦让和放弃只能让私欲膨胀，各自为战，最终使人心涣散，互挖墙脚。在这种情况下，大的利益不保，个人的名誉也就成了无源之水，势将无存了。

[案例]

王璋：把皇帝家的家务纠纷漂亮解决

老子说："道生一，一生二，二生三，三生万物。"宇宙的规律即如此，所以我们可以知道万物都在大道之中。万物都在"道"中，因此万物自然背负地阴而怀抱天阳，将阴阳二气糅合在一起而成为和气，即说万物的生成，正是因为阴阳相合所生成的和气所致。只有和气为人，才是人真正的德性，才是合乎大道规律的。

王璋在明成祖永乐年间任右都御史。当时有人告周王朱橚将谋反叛乱。

成祖皇帝想趁周王府还未起事前就派兵讨伐，又不知道是否妥当，皇上就此事问王璋。王璋答道："事情并没有什么迹象，现在就去讨伐缺少名正言顺的理由。"

皇上说："兵贵神速，等他们出了城，事情就不好办了。"

王璋说："以臣的愚见，可以不出兵。请允许臣去处理这件事。"

皇上说："你需要带多少人一起去？"

王璋说："只要派三四名御史同往就足够了，然后需要一道圣旨，指派我巡抚周王府就行。"

皇上于是命令学士草拟了敕文，即日起行。第二天早上，王璋一行直接来到周王府。周王不知王璋这么早来干什么，十分惊奇，就把他引到侧室中，询问王璋有何贵干。王璋说："有人控告您想叛乱，臣就为此事而来。"

周三一听，大吃一惊，慌忙跪下。王璋说："朝廷已命令丘大帅带兵十万前来征伐，马上就要到了。臣认为你谋反的事无证无据，所以先来向你说明白，王爷您看此事该如何办呢？"

周王全家都围着王璋痛哭不停。王璋说："哭也没有用，希望周王献出能消除皇上疑虑的办法。"

周王说："愚臣已不知怎么办才好，只求王公您来指点了！"

王璋说："王爷如果能将您的护卫军交出，献给朝廷，你就没事了。"

周王听从了王璋的意见，于是王璋飞快地以驿马报告给成祖。成祖很高兴，王璋向周王出示了皇上的敕令："护卫军三天内不离开此城，违者一律斩首。"

没过几天，周王府的护卫军就全部解散了。一场内乱避于无形。

王璋把皇帝家的家务纠纷解决得如此漂亮，不愧为一代名臣。他的计谋是从矛盾出发，不激化矛盾，采取了暗中调停的办法，从中可以看出和气的妙用。

但是那些不知和气的人，违背了"道"的规律，违背了真正的德性，就叫作"强梁"。老子说，强梁者是得不到好死的。

作为一个人，不可能不与他人交往。一团和气才能与人为友。如果与人相处像是一杯水的话，和气就是给这杯水加的糖。以和为贵是一种较高的处世境界，更是一种聪明的交友态度。

人无誉堪存，誉非正当灭。

[译文]

人没有名誉可以存活，名誉如果不是理所应当之致，本来就不应该强有。

[解读]

从生存的角度看，名誉终究是身外之物，本是不该过分强求的。所谓但行好事，莫问前程，说的就是不要计较名誉、功利的得失。一个人没有名誉，只要他不走歪门邪道，生活照样可以平安无事。否则，在名誉上多行不法之事，到头来就难保自身安全了。于此胆大妄为者，大多是功利心、虚荣心极强之人，他们往往抱有侥幸心理，又不肯扎扎实实地工作。可以说，不务实的人生态度是人生失败的祸首，更是人们走向歧途的肇因。

[案例]

关羽：在义与利的抉择上，堪称万世楷模

三国时期，曹操为争天下，蓄谋除掉刘备，他发兵二十万，分五路下徐州攻打刘备。刘备因寡不敌众而大败，单枪匹马投奔青州袁绍。

　　当时关羽保护着刘备的两个夫人死守下邳（今江苏睢宁西北）。曹操十分敬慕关羽的武艺人才，渴望关羽能够成为自己的部将。他便用计攻破下邳，又派自己部将中与关羽有过一面之交的张辽去请关羽暂时栖身曹营。

　　而后，曹操费尽心机对其施予厚恩，以图关羽归顺自己。

　　曹操安排关羽与刘备的两个夫人同居一室，企图以此扰乱刘备与关羽的君臣之礼、兄弟之义。但关羽手持灯烛护卫于门外，通宵达旦，毫无倦色。曹操一计不成，但在心里却愈加敬佩关羽。到了许昌（今河南许昌市东），曹操领关羽见过汉献帝，献帝下诏封关羽为偏将军。曹操摆筵席请关羽坐上座，会见众谋臣武士。曹操又拨给关羽一座府第，赠关羽早已准备好的绫帛、金银器皿及十名美女。自此三日一小宴，五日一大宴地款待关羽。

　　关羽将府第分为两院，内院请两位嫂嫂居住，派由下邳跟随而来的将士把守，自己居于外院。又将曹操所赠金银财帛都送到二位嫂嫂处收存，并命十名美女好生服侍她们。自己每三日一次到内院门外施礼问安，直到二位夫人说"叔叔自便"，方敢退回。

　　曹操见关羽穿的战袍已旧，便估算其身量，选用上等织锦请人精心缝制一件战袍赠与关羽。关羽穿上新衣，却将旧袍罩在外面，曹操笑问关羽为何如此节俭，关羽说：“并非节俭，只因这战袍是刘皇叔所赐，穿着它就好像看见了哥哥。”曹操听罢又喟叹了一番。

关羽在曹营时时思念刘备，有时理着髯须自言自语：“活着不能报效国家，而今的处境又违背结义兄弟的初衷，真是白白地活着！”曹操便命人缝制一只精美的锦袋，送与关羽护髯。

曹操见关羽的马瘦，便命左右牵来一匹马赠送他。只见那马浑身赤如火炭，形状高大雄伟，背上的鞍辔十分精致秀美。关羽一眼认出这是吕布曾经骑过的赤兔马，立即躬身一再拜谢。

曹操不解地问：“我送你那么多的金帛和美女，你不曾拜谢，而今送了一匹马，你却高兴得一拜再拜，为什么把畜生看得比人还贵重呢？”关羽答道：“这马一日可行千里，今天我很幸运能得到它。有朝一日如果得知兄长刘备的下落，我骑上这匹马只需一天就能跑到兄长所在的地方。”

曹操见自己如此厚待关羽，关羽却毫无归顺之意，心中着实不悦，便将心事说与张辽听了。张辽去拜访关羽并与他叙谈。关羽说：“我自然知道曹丞相待我厚恩，但我已与刘备、张飞誓共生死，决不背弃。我虽不能留在曹营，但一定要立功报答曹丞相的厚恩而后离去。”张辽又问：“如果刘备已经不在人世，您将做何打算？”

关羽答道："愿随兄长于九泉之下。"张辽知道关羽迟早要离开曹营，只好如实报告曹操。曹操长叹说："事主不忘其本，真乃天下义士！"后来，关羽知道了刘备的下落，在斩颜良、诛文丑报答了曹操之后，立即到丞相府拜辞曹操。曹操在门上挂着回避牌，有意不见。关羽一连去了几次都没见到曹操，又去拜别张辽，张辽推说有病也不相见。关羽只好写了封书信派人送与曹操，同时将曹操所赠金银财帛原数留下，十名美女安顿在内宅，汉寿亭侯印悬于堂上，而后带上原来人员及随身行李，护着两位嫂嫂，出北门而去。

此后，关羽过五关、斩六将，历尽艰险，终于与刘备、张飞在古城相聚，并为刘备建立蜀汉王朝，形成魏蜀吴"三国鼎立"的局面立下了汗马功劳。

关羽放弃了曹操给予的名位和重赏的金银美女，为了义气，为了忠于刘备，毅然辞别了势力强大的曹操，回到了一无所有、几度寄人篱下的刘备身边。关羽真正能配得上"义薄云天"四个字。刘备也正是有了这样讲义气、靠得住的二弟和同样义薄云天的众多大将，才有了他三分天下的蜀国。

左思说："贵者虽自贵，视之若尘埃；贱者不自贱，重之若千钧。"做人做事，关键在于修炼本心。如果人心的本体不受污秽，像玉石一般清莹光辉，那么即使不建功立业、不作文章，也能堂堂正正地做人了。

　　做人就应该堂堂正正，讲求仁义，遵守道义，重义轻财，不可为贪图一时的小利而见利忘义，忘恩负义。如果因为贪求不正当的名利而落下一个"不讲义气""靠不住"的恶名，那最终的结局将可想而知。

求誉不得，或为福也。

[译文]

求取名誉而得不到，这也许就是福气了。

[解读]

　　获取名誉未必是福，得不到名誉也未必是祸，此理和塞翁失马相同。总有人会为求不到的名誉而忧，他们这是太在乎名誉所带来的好处了，实际上他们并不了解和珍惜名誉。笼罩着光环的人物，并不是人们想象的那样事事顺心、时时快乐，名誉所带来的压力和反作用也不是一般人所能承受的。从人生的意境上讲，得不到名誉并没有实际上的损失，相反却可尽享平凡的乐趣。

[案例]

王阳明：让名让利，避免横祸

人生最大的幸福莫过于不为琐事而烦恼，最大的灾祸莫过于疑神疑鬼。唯有整日劳碌奔忙的人，才知道轻松是最大的幸福；只有那些心如止水平静安详的人，才知道多心猜疑是最大的灾祸。

一位外国学者这样说："会快乐生活的人，并不是一味地争强好胜，在必要的时候，宁肯装一下糊涂，吃一点亏。"

明朝正德年间，朱宸濠起兵反叛朝廷。朝廷派王阳明率兵去征讨，由于他出色的指挥，一举擒获了朱宸濠，立下了大功。当时的总督江彬——是一位受到正德皇帝宠信之人，十分嫉妒王阳明的功绩，认为他夺走了自己大显身手的机会。于是，他广布流言说："最初王阳明和朱宸濠是同党，后来听说朝廷派兵征讨，才抓住朱宸濠是为自己解脱。"想以此嫁祸于王阳明，并除掉他，把这个功劳夺为己有。在这种情况下，王阳明和好友张永不得不对这不白之冤讨论对策："如果退让一步，把擒拿朱宸濠的功劳让给江彬，就可以避免不必要的麻烦。假如坚持下去，不做妥协，那江彬等人就要狗急跳墙，做出伤天害理的勾当。"为此，他将朱宸濠交给张永，使之重新报告皇帝："朱宸濠捉住了，是总督大人的功劳。"就这样，王阳明堵住了江彬的嘴，使其不再乱说话。随后，王阳明就以病体缠身为由，回家休养去了。张永回到朝廷后，大力称颂王阳明的忠诚和慷慨推功的高尚事迹。正德皇帝明白了事情的始末后，就重新给予了王阳明应得的封赏。

王阳明以退让之术，避免了横祸的发生。由此可见，有时候不计名利、懂得吃亏是很有必要的。

情卷六

情滥无行，欲多失矩。

[译文]

情感过度就没有品行，欲望太多就会失去法则。

[解读]

放纵情感，迁就欲望，在很大程度上是自制力不强的直接表现。这方面不加自律，其后患是非常严重的。在社会环境当中，各个方面都对人有各种各样的约束；在处事规范中，并不会因个别人的要求而改变。这就决定了一个成熟的人，要想在社会上立足发展，就必须克制自己的情感和欲望，而不能任性行事，否则就与社会大环境相悖，与社会整体相冲突，其个人理想也就无法实现了。

[案例]

陈后主叔宝：沉溺酒色而亡国

陈后主名叔宝，字元秀，是宣帝的嫡长子。太建元年（公元 569 年），后主被立为皇太子。太建十四年正月甲寅，宣帝驾崩。三天后，太子在太极前殿即位。

当时的局面似乎比较稳定，后主便日益骄纵，不思外难，沉溺在酒色中，不理朝政。

后隋文帝得知此事，以替天行道之名欲灭之。

开皇九年春正月初一，朝会时，大雾弥漫。后主一直昏睡，该吃午饭时才起身。这一天，隋将贺若弼自广陵渡江，韩擒虎自横江渡江，利用清晨顺利地攻克了采石，进而攻下姑孰。这时贺若弼也攻下了京口，沿江戍守者望风而逃。贺若弼分兵切断通往曲阿的要道后，攻入曲阿城。采石戍主徐子建到京城告急。

很快，韩擒虎率兵自新林抵达石子冈，镇东大将军任忠投降，并引导韩擒虎由朱雀航到达宫城，自南掖门进入。城内的文武百官都逃出来了，只有尚书仆射袁宪、后阁舍人夏侯公韵侍奉在后主身边。

迫于无奈，后主下到井中躲了起来。接着隋军士兵对着井口呼叫后主，后主不应。他们便要往里面扔石头，这才听到后主的叫声。当隋军士兵用绳子把后主拉出井后，才发现原来后主与张贵妃在一起。

三月，后主与王公百官由建邺出发，来到长安。被宽赦后，隋文帝给了他丰厚的赏赐，几次召见，位在三品官员的行列。每次有后主参与的宴会，隋文帝怕后主伤心，令不奏吴地乐曲。后来，监守后主的官员报告道："叔宝说，既然没有官职，每次参与朝拜时，请求能有一品官的名号。"隋文帝说："叔宝全无心肝。"

监守官员又说："叔宝常沉醉，很少有醒的时候。"隋文帝让人限制他的饮酒，但接着又说："任其性，不然，何以度日。"不久，文帝又问监守官员叔宝的嗜好。回答说："嗜酒。""饮酒多少？"回答道："与子弟们一天能吃一石。"隋文帝大惊。

后主随从文帝往东方巡视时，登芒山，陪文帝饮酒，并赋诗道："日月光天德，山川壮帝居。太平无以报，愿上东封书。"上表请文帝封禅，文帝答诏谦让不许。后来隋文帝来到仁寿宫，常陪同宴饮，到后主出去时，隋文帝看着他说道："此人败亡难道不是由于酒吗？有作诗功夫，何如思虑时事。当贺若弼渡江到京时，有人用密信向宫中告急，叔宝因为饮酒，便不拆阅。高颖进到宫中时，那封密信还在床下，未开封。这真可笑，这是天亡陈国，也是酒亡陈国。"

酒色这些东西，偶尔为之也未尝不可，但若像陈后主那样沉溺于其中，则轻者伤身，重者误事亡国，那才是名副其实的因小失大，得不偿失。

《荀子》中曾经说道："欲虽不可去，求可节也。"欲望是人的一种本能，不可能消除，但是当欲望过度的时候，尽量节制是可以做到的，如果尽情挥霍，迷了心窍，可就有违天理了。

其色如一，神鬼莫测。

[译文]

神色保持不变，就无人能猜测出他的心思。

[解读]

把情感隐藏起来，是智者的标识；喜怒不形于色，绝不是故作神秘，而是实际生活中所必需的。这样做既可加强自己的修养，能冷静为人处事，又可让别人找不到自己的破绽，无从下手利用。控制情感是理性的要求，在这方面没有切身的认识和高度的自觉是无法做到的。如果有人自恃权势和地位而随意宣泄情感，口不择言，这将是他失败的一个诱因，其负面影响不可低估。

[案例]
领导者的涵养现于喜怒之时

碰到喜怒之事的时候，可以看出一个人的涵养。

在紧急关口，出于本能，许多人都会作出惊慌失措的反应。然而，仔细想来，惊慌失措非但于事无补，反而会添出许多乱子来。

所以，突遭事变，处变不惊、临危不乱、镇定自若，冷静地分析形势，才是明智之举。

唐宪宗时期，有个中书令叫裴度。一天，手下人匆匆忙忙地跑来向他报告说他的大印不见了。为官的丢了大印，岂非大事？可是裴度听了报告之后不惊不慌，只是点头表示知道了。然后，他告诫左右的人万万不可张扬这件事。

左右之人看裴中书并没他们想象的那般惊慌失措，都大惑不解，猜不透裴度心中是怎样想的。而更使周围人吃惊的是，裴度似乎完全忘掉了丢印的事，竟然当晚在府中大宴宾客，和众人饮酒取乐，十分逍遥自在。

就在酒至半酣之际，有人发现大印又被放回原处了。

左右又迫不及待地向裴度报告这一喜讯。裴度依然毫不在意，好像根本没有发生过丢印之事一般。那天晚上，宴饮愉快，直到尽兴方才罢宴，然后各自安然歇息。

没人知道裴中书为什么能如此胸有成竹。事后好久，裴度才向大家提到丢印当时的处置情况。他对左右说："丢印的缘由想必是被管印的官吏私自拿去用了，恰巧又被你们发现了。此时，如果大闹开来，偷印的人担心出事，惊慌之中必定会想到毁灭证据。如果他真的把印偷偷毁了，印就真的找不到了。而如今我们处之以缓，不表露出惊慌，这样也不会让偷印者感到惊慌，他就会在用过之后重归原处，而大印也会失而复得，不会发生什么意外了。"

遇到突发事件，每个人都难免产生一种惊慌的情绪，应该想办法控制。

楚汉相争的时候，有一次刘邦和项羽在两军阵前对话，刘邦历数项羽的罪过。项羽大怒，命令暗中潜伏的弓弩手几千人一齐向刘邦放箭，一支箭正好射中刘邦的胸口，伤势严重，痛得他伏下身。主将受伤，群龙无首，若楚军乘机发起进攻，汉军必然全军溃败。猛然间，刘邦突然镇静起来，他巧施妙计：马上用手按住自己的脚，大声喊道："不幸被你们射中了！幸好伤在脚趾，并无大碍。"军士们听了，顿时军心稳定，终于抵抗住了楚军的进攻。

每临大事都应镇静，而镇静首先来自胆识和勇气。胆识和勇气是双胞胎，遇事犹豫不决，患得患失，顾虑重重，优柔寡断，甚至被敌人的气势吓倒，就谈不上胆识！只有敢担责任、当机立断者，方能解危。

当意外发生时，通常也是最需要我们果敢定夺的时候，如果没有冷静思考的头脑，是很难作出正确决定的。虽然作出决定有很多方法，但当意外状况发生时，如果不能保持一颗冷静的心，其它一切的法则和技巧都是毫无用处的。只有冷静下来，才能看清眼前的事情，作出正确的决断。

"其色如一，神鬼莫测。"是知识、智慧的独到涵养，更是理性、大度的深刻感悟。我们面临着一个日新月异的世界，必须具有泰山压顶而面不改色、临危决断的能力。

上无度失威，下无忍莫立。

[译文]

上司没有度量容人就会失去威信，下属不能忍受屈辱就不会成就事业。

[解读]

大度容人，忍辱负重，是成功者的一个基本素质，和其成就是密不可分的。上位者有容人之量，不仅能让人感恩不忘，也能借此树立自己的威望，增强自己的号召力。反之，当权者若小肚鸡肠，完全凭自己的好恶行事，他就只能是孤家寡人了。身为下属更要控制自己的情绪，即使面对屈辱，也不能失去理智。地位使然，过不了此关，就是匹夫之勇，难担重任。

[案例]

成吉思汗：放下弓箭，饶恕曾经与自己有仇的人

"只识弯弓射大雕"的成吉思汗，虽然一生杀人无数，但当遇到不该杀之人时，他也能放下弓箭，饶人性命。

一天，成吉思汗率部外出打猎，恰好遇上与自己有仇的泰赤乌部的朱里耶人。部众请求说："这是我们的仇人，请您下令把他们杀个一干二净。"

成吉思汗望着惊慌失措的朱里耶人，说道："他们既然现在己不再与我为敌，为什么还要杀他们呢？"并喝令想动手的人放下武器，不得动眼前的朱里耶人。

朱里耶人开始颇为疑惧，现在见成吉思汗并没有要杀他们的意思，便纷纷上前搭话。言谈中，成吉思汗得知他们常受泰赤乌部的虐待，没有饭吃，没有地方住。

于是，成吉思汗慷慨地说："既然如此，那你们就同我们一起住吧，明天打到猎物分给你们一半。"

第二天，成吉思汗果然兑现了自己的诺言。朱里耶人对此非常感动，皆曰泰赤乌无道，而成吉思汗才是大度的主子，便纷纷投靠了成吉思汗。此事传到泰赤乌部后，大将赤老温和曾经射杀成吉思汗坐骑的勇士哲别也都投到了成吉思汗的帐下。

武力可以使人屈服，却难以使人心服。所以，高明的御人法就是与人为善，容人之过，这样最后的受益者，还是自己。

无论是取天下，还是治天下，一个人首先必须能够心容天下。不是常有人说吗：心胸有多大，事业就有多大。从领导学上讲，就是领导者必须具备包容力。包容力是指领导者心胸的开阔度及对事物的心理承受能力和包容能力。

一个成功的人一定要心胸广阔。心胸第一，能力次之。作为一个领导，不是你个人的能力决定你事业的大小，而是你的包容力（心胸）决定你事业的大小。"大树底下不长草"，能人式的领导往往容不下能人，但志向远大、心胸宽广的领导，也许个人的能力不强，但往往能留住各种各样能力极强的一流人才。

上下知离，其位自安。

[译文]

上司和下属都懂得保持一定的距离，他们的地位自然会保全。

[解读]

在人与人的交往中，特别是上司和下属的交往中，身为弱者或下属的一方，为了赢取对方的好感，总是投入过多的热情和精力，唯恐这样还不能让对方满意。这样做的效果并不突出，有时还会适得其反。要知在强者或上司的眼中，歌功颂德者并不新鲜，他们总有谄媚之嫌。反倒是和他们保持一定的距离、不卑不亢者令他们好奇，乃至敬重。

[案例]

王龚：置身事外，谁也奈何他不得

汉朝人王龚出身豪门大族，从小就染上了顽劣的恶习。其父母深为此忧虑，他们一面细心教育王龚，一面为他请来老师，悉心教导。

一次，王龚与另一世家子弟发生冲突，险些丧命，王龚的老师就此教育王龚说："你以为没有人敢伤你，可是现在躺在病床上的恰恰是你，你应该好好想想了。你有勇气与人打拼，这并非大勇，而真正的大勇是要懂得收敛自己的言行。这样，你才能有所作为啊。"

这件事后，王龚痛改前非。长大之后，王龚被荐举为孝廉，走上了仕途。王龚在担任小吏期间，忠于职守，从不懈怠。有人对他说："你出身豪门，不该安于做个小吏啊。若要升迁，必要争先，你应该四处周旋，如此方可。"

王龚回敬道："不靠自身的本领而得来的官职，我会感到羞耻的。我自认学识尚浅，不敢有非分之想。"王龚为人谦卑，从不与人发生争执。若有好事，他总是第一个推让，而不与人争抢。

王龚的一位长辈曾指责他说："官场容不得谦让，你该勇于表现自己的才能，事事抢到别人的前面，这样才会突出自己。否则，只能一辈子位居人下了。"

王龚不和长辈理论，只是淡淡地说出了自己的想法："我但行好事，不问结果。我心无愧疚，当是最大的求取。"王龚做事认真，姿态不高，人们都喜欢他。渐渐地他有了贤名，官职也得到了升迁。

后来他升任青州刺史，却发现几位太守贪赃枉法，于是决心弹劾他们。王龚的家人怕他惹祸，劝他说："你一向谨慎，如今为何要冒险弹劾太守呢？"

王龚冷静道："我弹劾贪官，不为出名争利，而是为了朝廷，这是我应该做的事啊。如果我知情不报，那么无异于同流合污，等同于犯法，这才是凶险万分。"

王龚上书弹劾，皇帝为此嘉奖了他，下诏任命他为尚书。然而，朝廷中争斗不休，王龚却视若不见，绝不参与其中。有人拉拢他说："身为朝官，自与州郡不同，需要结为同党，互相照应。"

王龚不为所动，拒绝说："我这个人不喜招摇，也不知趣，生怕一言不妥便会得罪他人。现在我已很知足了，更无所求。"王龚置身事外，谁也奈何他不得。他谢绝一切不正当的交往，每日上朝回来，便把自己关在府中，读书写字。遇有大事，王龚到场也不多言一句，更多的还是派人代自己前往。事后，他也不过问详情。

王龚如此为官，使得朝廷争斗并没有波及他。人们都忽视他的存在，王龚反是窃喜不尽了。永和元年（公元136年），王龚被任命为太尉。而那些争斗的人，不是获罪被贬，便是一无所得。

君臣殊密，其臣反殃。

[译文]

君主和臣子过于亲密，做臣子的反而会招来祸殃。

[解读]

俗话说"伴君如伴虎"，在封建极权社会，做臣子的危险时刻存在，和君主关系密切者也不能例外，这是由君主和臣子的地位所决定的。总有人幻想只要赢取了君主的喜欢，自己就高枕无忧了，于是在此用情费力，一刻无止。其实，这只是他们的一厢情愿罢了。在封建君主看来，所谓臣子都是他的奴仆，他是不会和臣子真正交心的。有利则用，无利则弃，是他们的一贯作风。如果有人侵犯了他们的权威或危及了他们的利益，下手无情便是他们的典型性格，是绝不论亲疏的。

[案例]

年羹尧：罪其实只有一个，那就是知道得太多，不能不死

清世宗雍正能登上皇帝的宝座，年羹尧和隆科多厥功至伟，不可或缺。雍正曾当面称他们为自己的左右手，甚至不顾君臣尊卑，直称他们为自己的"恩人"。

年羹尧是雍正的妻兄。当年，为了帮助雍正夺取帝位，时任川陕总督的他，牵制住了手握几十万大军的雍正劲敌允禵，令他不敢轻举妄动，解除了雍正夺权路上的最大威胁。隆科多是雍正的舅舅，他统率护卫京师的精兵，拥戴当时十分孤立的雍正，威慑野心勃勃的众皇子。相传，他还亲自参与了篡改遗诏之事。

雍正夺权成功后，年羹尧、隆科多位高权重，每以参与皇上密事为荣。雍正也每每提及，屡屡重赏。如此恩遇，年羹尧、隆科多渐渐骄狂起来。

一次，年羹尧之妹年妃忧心忡忡地对哥哥说："最近皇上总是愁眉不展，哥哥可知为什么吗？"

年羹尧好奇地问："皇上如果是有事，一定会跟我提及，妹妹知道其中的原因吗？"年妃摇头，一脸沉重，沉吟片刻，又说："哥哥功劳虽大，终是关及皇上私事，千万不可再对人谈及了。我看皇上对你好像产生了顾忌。"

年羹尧说："妹妹想得太多了，皇上国事繁忙，有些忧虑也是情理当中。我有大恩于皇上，还怕什么呢？"

也曾有人提醒隆科多说："凡事有利必有弊。大人之功，亦可人言是过。"他也一样不以为然。

隆科多和年羹尧一样，对此俱不理会。二人弄权造势，毫不收敛。雍正如同未闻，对其竟从无指责。然而，两年后，雍正似乎一下变了个人，对年羹尧连施杀手，先是严词警告，后是免其抚远大将军之职，调任杭州将军，接着撤职法办，公布了他的九十二条大罪，令其自杀。隆科多也未幸免，他被公布四十一条大罪，高墙圈禁而死。

年羹尧死前连发苦笑，对天慨叹："九十二条大罪，其实不必这么费心了。我的罪其实只有一个，那就是知道得太多，不能不死啊！"

在人与人的交往中，特别是上司和下属的交往中，身为弱者或下属的一方，为了赢取对方的好感，总是投入过多的热情和精力，唯恐这样还不能让对方满意。这样做的效果并不突出，有时还会适得其反。要知在强者或上司的眼中，过于亲密总有谄媚之嫌。反倒是和他们保持一定的距离、不卑不亢者令他们好奇，乃至敬重。

小人之荣，情不可攀也。

[译文]

小人的荣达，不可以和他们攀附交情。

[解读]

小人的无耻和忘恩负义，最让天下人痛心。对小人倾注情感得不偿失，对小人抱有幻想更不能如愿。在这方面人们付出的心血可谓很多，当小人露出真容时，受到的伤害自是非他情可比。对此，鉴别小人固然重要，它可使人不养虎为患；同时，拒绝诱惑，不与小人交往也十分必要，它能使人不慕虚荣，不蹚浑水，进而远离小人所带来的灾害。

[案例]

王良：不给小人驾车，不为小人服务

一天，晋国大夫赵简子命其驭手王良驾车和他的宠臣奚一起外出打猎。王良平素本看不惯奚的为人，但主人的命令又不敢不遵从。所以，他便严格按照"驾车守则"驾车，结果劳累一天，一无所获。奚回来向赵简子报告说："这个王良是天下最差的车夫，驾起车来好像跟马有仇似的，不是大声叫骂，就是把鞭子抽得啪啪响，害得我白跑了一天。"

有人将奚的话告诉了王良。

王良去找奚，说："今天我还驾车带你去打猎，保证你满载而归，如何？"奚阴着脸同意了。

第二天一早，王良和奚上路了，王良专拣磕磕碰碰的林间小路驾车。在野兽出没的地方，二人下了车，王良告诉奚哪座山头有野兔，哪个山谷里有野鸡。结果一个早晨就打到五只野兔，七只野鸡。这下可把奚高兴得不得了，回来就向赵简子汇报说："这个王良真是天下最好的车夫。驾车平稳，几乎不用鞭子就能使马服服帖帖。"

赵简子一时高兴，甩手说道："那好啊，以后就让他给你驾车吧。"

王良听说后，直接去找赵简子，说道："虽然我只是个驾车的，但也知道高贵的人不与小人为伍的道理。奚是个小人，是个只知道溜须拍马、投机钻营的小人，给他驾车是我的耻辱。第一天我严格按照'驾车守则'做事，故意让他打不着任何猎物。第二天一早我违反规则驾车，故意让他打了那么多。《诗经》上说：'不违反驰驱的方法，射出的箭才能命中目标。'所以，我不是不能帮他打猎，而是不愿意违反规则，不愿意为这种小人做事。不给小人驾车，不给小人服务，也是我做人的原则。请允许我辞去这个职务。"

孟子听说了这件事后，感叹说："王良作为一个车夫，都不愿意和品德不良的小人为伍，即使猎获了堆积如山的猎物，他也不愿意干。让我违背自己的做人原则去附和诸侯，那更是不可能的。"

古代的好多名人志士，告诫后人们，人活在世，尽量与君子同行；尽量避开小人，千万不要与小人为伍，哪怕是有权有势的小人，也不要攀附。

正人君子终日所想的，是如何进德修业，修身仁爱，为国为民多做好事。小人整日所想的，只是如何买田置地，投机钻营，巧取豪夺，发点横财。君子爱财，取之有道，一定要看是否合乎法律道德。小人则唯利是图，哪怕触犯刑法也不管不顾。

但凡正人君子，他是知公义、懂道义，一切为公的事情都愿意去做，而不计较个人利益得失；小人只知道私利，处处以个人私利为主，只要对自己有好处的，哪怕损人利己，他都会去干。

聪明的人，清楚的知道自己应该与什么样的人为伍，知道自己需要的是什么，所以他们都会去刻意地远离这种人，这才是真正的利益。

"与智者为伍，与高人同行，与挚友为伴。"生活中，我们都需要朋友，但是我们一定要选择合适的朋友，只有这样，我们的人生才会越来越精彩。

情存疏也，近不过己，智者无痴焉。

[译文]

情感有疏远的时候，最亲近的莫过于自己了，有智慧的人不会对他人痴迷。

[解读]

痴情其他，而迷失自己，这是情感中的病态反映。人们有各种理由强调痴情的无奈，却忽视了放纵情感的本身，就是对自己的侵害。其实，任何事情都没有摧残自己的必要，一时的情感冲动终有冷却的时候，如果人们陷入低谷才发现，为时已晚，这当是人生最大的遗憾了。所以说珍重自己，不为别人所左右，是一个人保持个性、保持清醒的首要前提，做不到这一点，只能是他人的玩偶。

[案例]

郭泰：以不愿就官府的征召而名著于世

郭泰是汉末士人集团同宦官集团在激烈斗争中士人的著名代表和太学生的主要领袖之一，他还以不被他人所左右、不愿就官府的征召而名著于世。

郭泰家世贫贱，早年丧父。长大成人后，他母亲想让他到县衙中找个差事，他不以为然地说："大丈夫怎么能同那些鄙贱的小人共事呢？"于是告别了母亲，就学于成皋名士屈伯彦。

东汉从和帝时开始，出现了外戚和宦官交替专政的局面。桓帝借宦官之力，将长期把持朝政的外戚势力打了下去。此后，宦官集团操纵朝廷大权达三十年之久。他们在搜刮百姓、霸占土地方面的贪残横暴，较之外戚更加厉害。这种状况引起了人民和一批官僚、士人的不满。官僚、士人和太学生们结成了广泛的士人集团，以宦官"虐偏天下，民不堪命"为理由，向宦官集团展开猛烈的斗争。在这场斗争中，有着三万太学生的首都洛阳太学，是一块重要的阵地。郭泰就是这块阵地上的领袖人物之一。

郭泰对东汉政治的日趋黑暗、国家的日趋衰弱体察得非常深刻。他认为这种大局难以扭转，所以一直拒绝做官。司空黄琼等人屡次征召，他都没有答应。名士范滂评价郭泰的为人时，说他"隐不违亲，贞不绝俗，天子不得臣，诸侯不得友。"郭泰自己也总是对那些劝他仕进的人说："我夜观天象，昼察人事，知道天已示废，非人力所能支持。"尽管如此，他还是风尘仆仆地周游郡国，把自己的精力全花在培养人才上。

司空黄琼免职后病逝，四方名士都来送殡。有个儒生拿着祭品，到坟头上了供，哭了一阵，然后跟谁也不说一句话，就走了。会葬的人们见此人行动异常，都交头接耳地猜测他到底是谁。这时郭泰说了声："这准是南州高士徐孺子！"

徐孺子即徐稺，本来是黄琼的门生，后来黄琼当了官，徐稺就再也没有去看过他。茅容听郭泰这么一说，马上就要追上去问个明白。他追了几里地，追上了那人。一问，果然是徐稺。茅容就将他请进酒店，边饮边聊，谈天文，谈家事，谈得很高兴。茅容就想趁机和他谈谈国家大事，听听他的高见，可是徐稺对此只是付之一笑，一个字也不谈。两个人喝完酒，起身作别，徐稺这才对茅容说："请替我问候郭林宗。告诉他：大树要倒，不是一根绳子能拉住的。何必忙忙碌碌到处奔跑呢？叫他安静些吧！"

茅容回来将徐稺的话告诉了郭泰。郭泰不禁长叹一声，说："孺子为人，清廉高洁，他平日宁可挨冻受饿，也不会接受别人赐予的食物和衣服。"郭泰佩服徐稺的大智若愚，但他不愿做那种隐居无为的人，仍然不遗余力地奖掖后进。

桓帝延熹九年（公元166年），有人勾结宦官以"诽讪朝廷"罪控告李膺等"党人"，桓帝下令将李膺等二百多人逮捕下狱，后虽释放，但终生不许做官。这就是历史上所谓第一次"党锢之祸"。郭泰深感世道艰危，遂闭门教授，生徒至数千人。

郭泰虽然没有与那些与他有着相同理想的至交好友生死与共，但他却很好地完成了活下来的人应该做的事。

在当时一片血腥极为恐怖的政治环境下，郭泰选择了闭门讲学，他把自己的毕生所学，把那些他殉道师友"澄清天下之志"的使命感，"以天下名教是非为己任"的责任感都毫无保留地传授给了他的几千个学生。让他们这些可以继续活下去的人，去传承东汉士大夫集团的精神，为那些殉难师友至死不渝的梦想留住希望的火种。

在我国的历史长河中，像陈蕃、李膺、范滂这样以身殉道，最后倒在血泊中的正直士大夫历代都不乏其人，他们身上都传承了中国传统知识分子"威武不能屈"的大丈夫人格。当然，历史的惨剧也在一幕幕不停地重演。午夜，关上灯，闭上双眼，杨涟、左光斗、高攀龙、谭嗣同、秋瑾、李大钊、闻一多、邓拓这类人的名字随时都可以在脑海中浮现出好长一串。真的，正直的知识分子殉道的已经够多了，滚烫的赤子之血奔流的也已经够多了。我们的国家，我们的民族或许更需要如郭泰这样敢于直面惨淡的人生，敢于正视淋漓的鲜血，敢于忍辱负重将微弱的理性与希望之火继续传递下去的"真的猛士"。正如鲁迅在《纪念刘和珍君》一文中最后所说的，"苟活者在淡红的血色中，会依稀看见微茫的希望；真的猛士，将更奋然而前行"。

情难追也，逝者不返，明者无悔焉。

[译文]

情感难以追寻，过去的一去不回，明智的人不会懊悔不已。

[解读]

追悔往事而自苦的人，往往在失去昨天的同时，又使今日黯淡无光。俗话说"世上没有卖后悔药的"，任何徒劳无功的悔恨，都比不上总结教训，从头再来，振作有为。在情感上的有进有止，始终是一个成熟、理智、成大事者的一种突出技能，他们不会任由情感泛滥，也不会消极沉沦，常能化苦涩为甜蜜，在悲哀中体味人生的另一种境界，升华出以苦为乐、无怨无悔的处世哲学，在荆棘遍布的尘世路上杀出重围。

[案例]

冯异：兵败回溪，最后在渑池一带获胜

"失之东隅，收之桑榆"这句话出自《后汉书·冯异传》。

冯异字公孙，为颍川父城（今河南宝丰东）人。他从小就非常喜欢读书，并熟读了《左氏春秋》和《孙子

兵法》。冯异还是东汉王朝的开国功勋，汉光武帝刘秀就非常赏识他。

公元 25 年秋天，光武帝刘秀建立了东汉政权。当时赤眉军消灭了刘玄建立的更始政权，于是刘秀就将攻击的方面转向了赤眉军。公元 26 年春天，长安断粮，赤眉军的首领樊崇率领几十万赤眉军不得不转去攻打西面的城邑，但他们遭到了占据天水郡的隗嚣的阻击，于是樊崇只得又把队伍带回了长安。但是，这个时候的长安已经被刘秀的部下邓禹占领了。经过一场激烈的战斗，赤眉军把邓禹打败了，重新占领了长安。可是在当年冬天，赤眉军粮食供应不足的问题一直没能得到解决，无奈之下，樊崇只好在十二月率领部队东进。

光武帝在派冯异去讨伐赤眉军的同时，还在新安（现在河南渑池东）、宜阳（现在河南宜阳西）屯驻了重兵，以截断赤眉军向东退兵的道路。进发前，光武帝亲自把冯异送到河南，并赐给冯异乘舆和七尺宝剑，满怀希望地对冯异说："三辅地区一直遭受王莽和更始的暴政，现在赤眉军和延岑又在那里暴乱，百姓们生活在水深火热之中。如今你前去征伐，不一定非要攻城略地，关键是要平乱并想办法安抚当地的百姓。将领们都喜欢抢掠，你本来就善于管理军士，希望你能够制服他们，不要再让郡县的百姓受苦了。"身负无限期望，冯异拜别了光武帝，带领军队向西进发，所到之处广布威信，他的部队受到沿途百姓的欢迎。弘农的盗匪很多，当时有十多个匪头自称将军，但了解到冯异他们是为讨伐赤眉军、让百姓过上安稳日子而出兵的，这些匪首都率领自己的部下投降了冯异。

就这样，冯异率领西路军在华阴、湖县一带，和赤眉军相持了六十多天，大战了数十回合，最后俘虏了赤眉军的将领刘始、王宣等五千余人。赤眉军力量大大受损。

公元 27 年春，光武帝派使者宣布任命冯异为征西大将军。与此同时，邓禹也率领部队到达了湖县，同冯异的部队会合。冯异说："我和敌人相持了数十天，虽然多次俘虏了他们的大将，但还是有很多敌人。我们现在无法立刻打败他们，可以慢慢引诱他们。皇上现在派诸将驻扎在渑池攻打敌人的东面，我们攻打他们的西面，两面夹击就可以将他们一举拿下，这是万全之计。"邓禹在多次战斗中败给了赤眉军，不服气的他一心求胜。为拔先筹，他派部将邓弘抢先进攻赤眉军，狡猾的赤眉军见状佯装败退，将辎重全都丢弃在战场上，先在车里装上泥土，然后在车上覆盖上豆子，饥饿的汉军见到豆子如获至宝，众将领于是争相抢夺，赤眉军趁此机会回击汉军，汉军措手不及，被打得落花流水。幸亏这时冯异和邓禹得知消息带着队伍赶来救援，赤眉军这才暂时退去。了解到士兵们是因为饥饿难耐而争抢豆子，从而给敌人钻了空子，导致战斗失败，冯异认为士兵们这时候如此饥饿疲劳，部队应该先进行一番休整后再继续进兵。但是，邓禹不同意他的意见，坚持要马上派兵出战，哪知在回溪（现在河南宜阳西北）又被赤眉军打得大败。这次战斗，汉军损失惨重：邓禹的部下死伤达三千多人，邓禹自己也只带着二十四骑逃回了宜阳；冯异也不得不弃下战马，和几个将领步行回到溪阪，逃回营寨。事后，冯异重新坚守阵地，把走散的士卒又都集中在一起，很快又召集了各营达好几万人。

公元 27 年闰正月十八日，冯异与赤眉军首领樊崇约定，双方进行决战。冯异一个个地挑选士兵，组成一支精锐部队，战斗前把这些士兵的眉毛都涂成红色，身上的穿戴也和赤眉军的战士一模一样，然后让他们埋伏在战场旁边的隐蔽处。决战开始了，赤眉军派出一万多人去攻击冯异军队的前方，可是冯异只派出很少一部分兵力去增援。樊崇一看，觉得冯异的部队人少势弱，根本不堪一击，就放心地指挥全部兵力去进攻冯异。冯异一看樊崇中计了，立即派出大量增援部队全力迎战，双方激战了一天，仍不分胜负。黄昏时分，赤眉军的士气渐渐减弱了，一个个都显现了疲惫的样子。冯异见时机已经成熟，立即命令原先安排的埋伏在一旁的精锐部队现身袭击。又累又饿的赤眉军见有伏兵杀出，一个个大吃一惊，措手不及。而伏兵的装束打扮又和赤眉军的装束打扮一模一样，这让赤眉军士兵一下子糊涂了，他们分不清哪个是敌人哪个是自己人，一时间不由得一片混乱。这时，打扮成赤眉军的汉兵按事先冯异的安排，齐声高呼"投降，投降"，听到四周的喝令声，赤眉军军心大乱，无心应战。看到将士已全无斗志，樊崇只得下令向东方退守。机不可失，时不再来。冯异这时赶紧率领大军乘胜追击，终于在崤底（今河南洛宁西北）打败了赤眉军。这一次，赤眉军损失了八万多人马，剩下的十万多赤眉军转而逃向东南。公元 27 年 1 月，樊崇率残余的赤眉军向宜阳（今河南宜阳县）转移。得知消息，冯异马上派人向光武帝报告，刘秀于是亲自率领预先安排下的两路人马前去截击，并在崤底、宜阳一带设下重重包围圈。赤眉军经过连日的艰苦战斗，打到粮尽弹绝了还是不能顺利突围，樊崇等人看气数已尽，只好向刘秀宣布投降。

战斗结束后，光武帝专门下了一道诏书，名叫《劳冯异诏》。诏书是这么说的："赤眉军被讨平，士兵们十分辛苦，虽然开始时兵败回溪阪，最后在渑池一带获胜，可以说是'失之东隅，收之桑榆'。"

在人生的旅途中，太专注于那些已失去而无法挽回的过去只是徒增烦恼，多想想未来而可以获得的事物，心情就会有不同的感受。"逝者不返，明者无悔。"有得必有失，有失必有得，得与失是紧密相连的，丧失为人生提供了获得的机会。付出总是有回报。

多情者多艰，寡情者少难。

[译文]

注重情感的人艰辛多，缺乏情义的人磨难少。

[解读]

社会的不公，人性的扭曲，常常催生出种种不合理的现象和事情。重情重义的好人缺少好报，无情无义的小人得志猖狂，就是此种畸变的一个突出表现，令人扼叹。事实的残酷可以使许多人由热情转向冷漠，但善良、正直之心还是不能舍弃的，这不仅是人类进步发展的需要，更是有志者所要经受的考验之一，尤其是大成功者立足久远的要件之首。如果完全失去爱心，恃强施暴，人情皆无，以恶治恶，任何人都将归于失败。

[案例]

刘隐辞：士可杀不可辱，严词痛斥残暴的上司

刘隐辞五代前蜀时人。起初侍奉王建，官至员外郎。唐昭宗天复年间（公元 901 年—公元 904 年），王宗宪做镇江军（治所在今四川省夔州市）节度使，召辟刘隐辞为节度掌书记。王宗宪是武人出身，性情暴虐，恣意杀戮，略无检束。刘隐辞对王宗宪肆意滥杀的做法，实在是难以熟视无睹，多次进谏陈述利害，予以劝阻。王宗宪对他不顺从自己心意的行为十分恼怒，起初还耐住性子听几句，后来便不再理会，渐渐地不再以宾客之礼相待。再往后，刘隐辞若说话不合心意，王宗宪便当着将吏的面大声叱责喝骂。刘隐辞饱读诗书，满腹经纶，自视甚高，哪里受得了这份气，便请求辞职。可王宗宪偏偏不肯答应。

刘隐辞留也无法留，走又走不了，犹如千里马困于陷阱，郁抑烦闷，十分痛苦。为舒泄胸中郁闷，他作了两首诗。一首叫《白盐山》，一首叫《滟堆》。诗中写道：

占断瞿塘一峡烟，危峰迥出众峰前。

都缘顽梗擅浮世，遮莫峥嵘倚半天。

有树只知引鸟雀，无云不易驻神仙。

假饶突兀高千丈，争及平平数亩田。

滟崔崴百万秋，年年出没几时休。

未容寸土生纤草，能向当江覆巨舟。

无事便腾千丈浪，与人长作一堆愁。

都缘不似磻溪石，难使渔翁下钓钩。

王宗宪闻知诗中语含讥刺，非常恼怒。有一天，他在江边饮酒，喝到酒酣耳热之时，忽然想起刘隐辞的诗来。王宗宪仰视白盐山，斜睨滟堆，说："刚好，不是有个想死在这里的无赖小子吗？"他看了看刘隐辞，便命令壮士把刘隐辞从席上拉下去，捆住手足，扔在砂石上让烈日暴晒。幕府同僚们见此情景，纷纷为他求情，可王宗宪一句也不听，反倒得意扬扬地说："就让他在那里享受吧！等我喝完酒，就把他扔到水中，让他到江底去凉快凉快！"说完，一阵狂笑。

刘隐辞怒不可遏，厉声骂道："昔日鹦鹉洲杀死祢处士，今天滟堆想害刘隐辞。我虽然比不上祢衡，足下又怎能同黄祖一样。上不敬天子、下不爱黎民，残害百姓，涂炭贤良，今天你把我杀了，我们都会后世'留名'的！我即使死了，也是值得的。"哪知刘隐辞这一骂，反倒把王宗宪骂愣了，王宗宪是个武人，就喜欢那种粗豪勇刚的人。他见刘隐辞毫无恐惧之色，心中的怒气渐渐消解。最后，命军士把刘隐辞给放了。

第二天，幕府同僚请王宗宪召刘隐辞前来引罪称谢。

刘隐辞趁此机会，推说身体有病，告辞归隐，王宗宪也就再没有勉强。

刘隐辞身处乱世，不幸又在暴虐的军阀手下做事，性格刚直，又难于容忍军阀的暴虐，自然容易遭祸。但他在灾祸临头时，毫不畏惧，并严词痛斥残暴的上司，这正是一种大智慧。士可杀不可辱，邪恶往往压不住正气，于此亦可有证。

"政者，正也。君为正，则百姓从政矣。"从政者必须先修身正己，主持正义与公道。这是从政的一条基本原则，历来为具有正义感的政治家所遵循。古往今来，走邪门歪道进入官场的不能说没有，但身心不正不仅于国于家都没有益处，而且自身也不会有什么好的结局和历史地位。虽然"多情者多艰"，但奉行"政者正"的人，人民将永远纪念他。

情之不敛，运无幸耳。

[译文]

情感不加收敛，命运就不会有好结果了。

[解读]

性格决定命运。良好性格的要素，总是包含着沉稳与内敛、自制和刚柔相济等诸多实际内容。可以说，"理性"二字贯穿其全部。历史和事实告诫人们，无论何人都不能任性而为，凭自己好恶行事；在所有成功者的背后，他们的坚韧固是基础，但起决定作用的还是他们的大度与从容、能屈能伸。人没有绝对的自由，善于控制自己情感的人才能和社会大环境相适应，那种幻想个人至上、个人改变历史和世界的人，不是疯子，就是蠢汉，其失败的命运也就由此决定。

[案例]

谢安：关键时候，能够审时度势，抽身出局

公元383年，东晋的桓冲率领十万大军攻打前秦占据的襄阳，企图借此提高自己的威望。前秦王苻坚派兵还击，桓冲大败。这年七月，苻坚下令发兵八十七万进攻东晋，"淝水之战"就此展开。

宰相谢安组建了一支军队，在与前秦的多次交战中，谢安都取得了胜利。

淝水之战后，谢安立了大功，成为一代名臣。

谢安的声望引起了当朝孝武帝的不满和猜忌。其实早在淝水之战前几个月，朝廷上下一起共商抗秦对策的时候，孝武帝突然任命才二十岁的司马道子为尚书事，当时谢安也是尚书事。显然，孝武帝这样做就是想分谢安的权。古人说的功高震主，这话一点儿不假。

司马道子是孝武帝的弟弟，他和谢安一直不和，处处排挤谢安。这个时候，还有很多大臣站在司马道子一边，在孝武帝的面前说谢安的坏话，孝武帝信以为真，对谢安就越来越疏远。

在朝中大臣的排挤之下，谢安不想在朝中待下去了，他决心交出大权，离开京城。这时正赶上秦国内乱，符坚来求救，谢安自请领兵去镇守新城，筹划如何救符坚，孝武帝不希望谢安留在身边，就批准了他的请求。谢安离开时，孝武帝为了表示尊重，特意出城为谢安送行。

谢安一心想远离京城这个是非之地，对于做官并不眷恋。到了新城不久，谢安染病，回建康疗养，于太元十年（公元 385 年）病逝。他死后，东晋朝廷按照安葬大司马桓温的规模安葬了他，给了他很高的待遇。

谢安为人恬淡平和，从不与人结怨，所以尽管他受到了排挤和打压，那些嫉妒他的人还是对他颇为尊重。

事实上，淝水之战后，谢安的权势和声望都达到了巅峰。他完全可以除掉司马道子和其他小人，但是谢安认为，当时北方的威胁还没有完全消除，万一朝中为了权力发生纷争，东晋王朝就会面临危险。

谢安的性格就是把一切事情都看得很开，关键时候，能够审时度势，抽身出局。这样做不但可以使自己免受伤害，还可以缓和矛盾冲突。

我们常听到的许多话都是劝人以忍为上的，像"吃得苦中苦方为人上人"等古话都是在劝人们以忍为上，以大局为重的，这不是为软弱找理由的糊涂之词，这是经过了无数次验证的经验之谈。忍的滋味不好受，但唯有忍耐，才能获得最终的胜利。须知"忍"字当头确实是有着一把刀的，只有把这种切肤之痛忍下了，才能成为人上之人，这种忍耐不是性格软弱，忍气吞声，而是高明人谋事的一种策略，是为人处世的上上之策。人生的起起伏伏都是不可避免的，如果只能上不能下，到最后注定要受伤害。"情之不敛，运无幸耳。"所以，春风得意的时候，要想好退路，把人生的跌宕起伏看得淡一些，才是人生的一个美好境界。

蹇卷七

人困乃正，命顺乃奇。

[译文]

人处困厄是正常的，命运顺利是出人意料的。

[解读]

人的一生充满危机，如何应对危机常常是人们走出低谷的关键。对人生的顺逆有了正确的认识之后，不怨天尤人，不自暴自弃，就是人们丢掉幻想、面对现实的理智行为了。树立积极向上的人生态度十分重要，它可使人在任何时候都勇于进取，不为任何困难所压倒。同时，良好的心态也会让人行规守矩，不走异端，在困厄之时保持君子本色。

[案例]

孙叔敖：在困苦中不失信心

春秋时期，楚国的司马蔿贾正直敢言，和令尹斗越椒明争暗斗。斗越椒掌握朝廷大权，对于一再冒犯他的蔿贾十分憎恨，他当面威胁蔿贾说："你不为自己着想，也不为你的儿子着想吗？你以下犯上，自不量力，我的耐心越来越少了。"

蔿贾回敬说："我正是为了我的儿子设想，才不和你同流合污，与你一样做个奸邪之人。我若是做个忠臣而死，我的儿子也会为我骄傲。"

蔿贾担心自己遭遇不测，平日就经常嘱咐妻子说："我如果发生意外，你就带着儿子逃到乡下去。乡下虽苦，但对儿子来说未必不是好事，这更能造就他成材啊！"

妻子哭着劝他要保重自己，蔿贾凛然道："忠奸不两立，我和斗越椒注定要斗争到底了，总之不是他死，就是我亡。"

不久，斗越椒发动叛乱，蔿贾惨遭贼人杀害。蔿贾的妻子为躲避灾祸，带着年幼的儿子蔿敖逃回故乡种田度日。她把蔿敖改名为孙叔敖，以掩人耳目。

乡下生活十分艰苦，孙叔敖的母亲日夜劳作，生活还是举步维艰。看着一天天长大的儿子，既当父亲又当母亲的她常教育儿子说："你是为娘的唯一寄托，现在你受些苦，将来就更加知道生活的不易了，能不勤奋振作吗？你要学会在困苦中不失信心，保持坚韧，这样你的苦才没有白吃。"

孙叔敖未满十岁时，一次在田边玩耍，看到了一条两头蛇。传说中的两头蛇是不祥之物，见者必死。孙叔敖为了不让别人看见两头蛇，竭尽全力打死了它，随后将其埋入地下。

孙叔敖回家对母亲说了这件事，母亲欣慰地说："你小小年纪，就有这样的善心，为娘十分高兴啊！我们虽穷，但决不能失去仁爱，这是我们兴家的根本。你不要担心会有不利的事发生。你为别人着想，老天会保佑你的。"

为了能让儿子读书，孙叔敖的母亲省吃俭用，常常饿得昏倒在地。孙叔敖不忍母亲这样，曾流泪说："我虽然年纪小，但也能帮家里做事了，我不去读书了。"

孙叔敖的母亲听了儿子的话，非常生气，扬手打了孙叔敖一巴掌，这也是她第一次打儿子，她流着眼泪说道："人穷不能志短，你说这种没出息的话，为娘是会伤心。记住，不要只看眼前的一点小利，它只会毁了你的前程。"

孙叔敖在母亲的教导下，勤奋读书，立志图强。一次，几个纨绔子弟一起欺负他，无端把他打得鼻青脸肿。孙叔敖怕母亲担心，就撒谎说自己不小心撞上了大树。母亲看出了破绽，心疼得直掉眼泪。

孙叔敖对母亲说："我将来要做大事的，怎会和无赖以死相拼呢？我受这点小伤算不了什么，这只会让我更加发奋努力了。"

孙叔敖的母亲为儿子的话感到惊喜，破涕为笑，连声道："你真的懂事了，难得你能说出这样的话来，我还有什么担心呢？"

多年之后，孙叔敖学问大成，成了远近皆知的贤人。楚国令尹虞丘子微服私访，当他和孙叔敖谈话过后，认定他是不可多得的贤才。

于是，虞丘子向楚庄王推荐说："大才大德之人，多出自乡野，臣待见孙叔敖之后，现在坚信不疑了。臣认为，长久占据禄位的，是贪；不推荐贤达的，是虚假；不把职位让出来的，是不廉；不能做到这三点，是不忠。臣决心辞职让贤，恳请大王重用孙叔敖。"

楚庄王问孙叔敖治国之道，孙叔敖从容作答，楚庄王大为折服，于是任命他为令尹。在孙叔敖的辅政下，楚国蒸蒸日上，公元前597年楚国打败晋国，终于成为中原的霸主。

"人困乃正，命顺乃奇。"没有痛苦的蜕变，生命便无法破茧而出、化蛹成蝶。人世间的一切横逆困难都是磨炼人杰心性的熔炉，只要能够接受这种磨炼，必将有超出常人的毅力和承受力，从而更加坦然地接受生活的挑战；反之，如果心智脆弱，经受不住这种恶劣环境的考验，那么意志力会变得更加脆弱。孟子说：上天将要降落重大责任在这样的人身上，一定要先使他的内心痛苦，使他的筋骨劳累，使他经受饥饿，以致肌肤消瘦，使他受贫困之苦，使他做的事颠倒错乱，诸事不如意，通过那些来使他的内心警觉，使他的性格坚定，增加他所不具备的才能。

以正化奇，止为枢也。

［译文］

把逆境转化为顺境，有所不为是关键。

［解读］

改变命运的方法多种多样。其中，"止"的作用是独特而又不可替代的。"止"不是绝对停止，有所不为的"止"蕴含着高度的进取和克制，它不会使人急功近利，也不会使人消极等待，它总能让人避过急流险滩，迂回达到既定的目标。这是由困境中的客观环境所决定的，在四处羁绊的状态中，放手一搏固然重要，有所顾忌也同样不可或缺：减少不必要的麻烦，常是提高成功概率的前提。

[案例]
曹操：刺杀董卓不成，假装献刀，随后乘机逃走

东汉末年，董卓废汉少帝，改立汉献帝，自己做了相国。自此开始，董卓利用自己的权势过着飞扬跋扈的奢侈生活，有时候甚至在御床上睡觉，而且他丝毫不把皇帝放在眼里，朝中大臣对他非常不满，可都碍于他权倾朝野而敢怒不敢言。

曹操当时是骁骑校尉，见董卓如此不可一世，便下定决心前去行刺。

一天，曹操见身体胖大的董卓躺在屋内，身边一个人都没有，他觉得机会来了，手握宝刀走上前去，他想迅即拔刀但又怕董卓力大，难以制服。正在他犹豫的时候，董卓侧身卧于床上并将脸转到了里边。

曹操见状急忙抽出宝刀，就在这千钧一发的时候，董卓从衣镜中看到了曹操，迅速转回身问："你想干什么？"曹操心里一震，表情却非常镇定，并把刀高高举过头顶，跪倒下拜说："今有宝刀一口，献给恩相。"董卓接过一看，果然是一把宝刀，顿时喜上眉梢，把起初的疑虑也抛到了九霄云外。

于是，董卓带曹操出去看马，看到一匹好马时，曹操便请求试骑一下。董卓二话没说就命下人备好鞍辔，把马交给曹操。曹操牵着马一出相府，便飞身上马，扬鞭往东南方向奔去。

曹操刚走，董卓的女婿李儒来了，此人是个很有心计的人。董卓把曹操刚才奉上的宝刀给他看，并笑说经过。李儒听完便略有所疑，说："曹操妻小不在京城，只独居寓所。今差人请他来，他若无疑而来，便是献刀；若推托不来，必是行刺，便可逮捕审问。"

董卓也忽然醒悟，立即依照李儒的主意，派人前去传唤曹操。不久，回报说："曹操根本不曾回寓所。他对门吏说丞相差他有紧急公事，已纵马飞奔出东门而去了。"董卓连忙派兵去追，可为时已晚，这时的曹操早已无影无踪了。

"止为枢也"，曹操适可而止，留得青山在不愁没柴烧，保存了性命，才有了后来的三足鼎立有其一。

事变非智勿晓，事本非止勿存。

[译文]

事情的变化不是有智慧的人就不能掌握，事情的根本不知停止就无法保存。

[解读]

身陷困境，保存根本比任何时候都显得尤为重要，只有这样，才会留下翻身的资本，以待来日。许多急躁冒进的人不知此理，他们徒逞"困兽犹斗"之能，结果将最后的希望一齐葬送，成为彻底的输家。本来世事是无常的，人有得意的时候，也有倒霉的时候，用不着太多的失落和绝望。对急进偏爱的人，他们一旦看到由此带来的坏处，知止的好处也不会不请自来：一个人智慧的高低，往往表现在他对事情发展的洞察上。

[案例]

楚庄王：不鸣则已，一鸣惊人

楚庄王刚即位不久，整天与妻妾寻欢作乐，不理朝政，还下了一道命令：如果有敢议论国君的得失者，格杀勿论！朝中大臣们都噤若寒蝉，有话也不敢说。这天，楚庄王在后宫左搂右抱，手下的伍举再也看不过去，说要觐见，楚庄王一脸的不高兴，就对伍举说："你有什么要紧的事赶快说，没看见本王正忙着吗？"伍举笑着对楚庄王说："倒也不是没什么大不了的事，只是微臣听说大王特别喜欢猜谜语，臣这里有一个，许多人都猜不出来，所以今天特地来献给大王，看大王能否猜出来。"楚庄王很不耐烦地说："快讲给我听！"伍举看楚庄王已经中了自己的圈套，知道自己的生命无忧，当下一字一顿地说："山上有只鸟，三年不飞，三年不鸣，请问大王这是什么鸟？"楚庄王明白伍举是在说自己，就说："我以为是什么样的谜语呢，原来是这个呀，这有什么可奇怪的呢？三年不飞，一飞冲天；三年不鸣，一鸣惊人。"

实际上，楚庄王只是表面上寻欢作乐，却无时无刻不在寻找忠臣。后来，大夫苏从直言敢谏，楚庄王才告诉大家真相：我整整等了三年，才遇到像伍举、苏从这样的忠臣，你们是楚国振兴的希望所在啊！之后下令，杀掉所有那些只会拍马屁的人，重用伍举和苏从，全力发展生产，整顿军队，使楚国日益壮大起来，终于打败了晋国，成为春秋五霸之一。

原来楚庄王用三年的时间来等待时机，目的就是使晋等一些国家放松警惕。然后，得到贤臣，壮大自己的实力，最终"一飞冲天，一鸣惊人"。这可谓是楚庄王得以胜出的杰作。此中，让自己的国家停滞三年，这也就是"退让"巧妙之所在了。大家可以看出，楚庄王并不是一味地退让隐忍，也不是因为害怕而逃避，而是为了让自己的国家能够得到更大的发展，这也就是在退步中等待进步的时机了。

在当今社会中，与人交往也好，与人共事也好，如果一味地强调自己该怎么样进步，该怎么样出人头地，当遇到逆境的时候，还硬着脖子，不让不退，那是多么危险的事。

荀子认为，做人处世要恪守"中庸"之道。"事变非智勿晓，事本非止勿存。"聪明人做事，在富有的时候要能想到自己贫穷的时候；平稳的时候要能想到自己也会陷入艰难的时候；安全的时候要能想到危险的时候。自己十分小心行事，还恐怕有祸及身。这样，无论做什么事都不会陷入困境了。从这个意义上说，凡事都要谦虚谨慎，应退让时就得退让，这样就不会因为自己的偏激而走上极端，也就不会在与人交往中处处受人辱骂、诋毁、陷害了。

天灾示警，逆之必亡；人祸告诫，省之固益。

[译文]

上天降下自然灾害是一种警告，逆天而行必定会灭亡。人为的祸患是上天的一种告诫，及时反省才能由坏转好。

[解读]

天灾人祸不是无缘无故就会发生的，人们当从灾难中汲取经验和教训，以规范调整自己的行止。善于在困境中磨砺自己的人，总能悟出人生的大道，进而在进退之间暗合天地的规律，不感情用事。事实上，只有平安度过灾难的人，才最有可能拥有成功的一切。聪明人不会对自然和世事的暗示视而不见，愚顽的人才相信自己可以主宰世界。成长和成功不会一夜之间完成，在困境中修习进退的学问，他日的成就才是真实和坚实的，也是不易反复的。

[案例]

苏秦：刺股律己，终成大器

战国中后期，尤其是秦孝公任用商鞅变法后，秦国愈发强大。面对着这种趋势，其他六国不免恐慌起来。

有的主张六国联合起来，共同抗秦，这种主张被叫作"合纵"；有的主张六国中的任何一国联合秦国，来攻击其他国家，这种主张被叫作"连横"。在这场"合纵连横"的战役中出现了许多能言善辩、靠游说获俸禄、进仕途的游士、食客。苏秦就是一个典型的代表。

苏秦出身于农民家庭，当苏秦以为自己的学识已不错时，就外出游说。他想见周天子，当面表述自己的政见和对时势的分析，但没有人举荐他。他来到西方的秦国，求见秦惠文王，向他游说怎样兼并六国，实现统一。秦惠文王婉言谢绝他的意见，说："你的意见很好，只是我现在还不能做啊！"苏秦的建议不被采纳，连一官半职也没得到。他在秦国耐着性子等了一年多，从家里带来的盘缠都花光了，皮袄穿破了，生活还是没有改变，无可奈何，只好返回家乡。

苏秦回到家里，一副狼狈的样子，一家人非常生气，都不理他，父母不与他说话，妻子坐在织机上只顾织布，看也不看他。他放下行李，又累又饿，求嫂嫂给他弄点饭吃，嫂嫂不仅不弄，还奚落他一顿。在一家人的责怪下，苏秦备受冷落。他想：我就如此没用吗？出外游说，宣传我的主张，人家为什么不接受呢？那一定是自己没有钻研透彻，没有把道理弄清楚，不能说服人。他感到很惭愧，但是他没有灰心。他暗暗下决心，要把兵法研习好。

苏秦苦苦地研究、揣摩姜太公的兵法，还研究了各诸侯国的特点，以及它们之间的利害冲突，他又研究了诸侯的心理，以便于向他们游说的时候，自己的意见、主张得以被认可。这时苏秦觉得已具备成功的资本，他再次离家，风尘仆仆地踏上了游说之路。

这次苏秦获取了巨大的成功。公元前333年，六国诸侯正式签订合约，大家一致选举苏秦为"纵约长"，把六国的相印都交给他，让他从事外交工作。

受挫自省，不怨天尤人；刺股律己，终成大器。苏秦之所以能够成才，给了后人很大的启示。

看待人生的起落顺逆应该用辩证的方法。身处逆境虽然经常痛苦压抑，但"省之固益"，对一个有作为、能自省的人来讲，在各种磨砺中可以使自己变得坚强深刻，一旦有了机会，就可能由逆向顺。

躁生百端，困出妄念，非止莫阻害之蔓焉。

[译文]

如果不能停止，害处就会不断蔓延。

[解读]

俗话说人穷志短，人在困厄之时最易走向极端，失去自制。人们对躁进和妄念的害处不是一无所知，问题是落难之人在失去理智之后，他们不计后果的行为就远非正常人所能理解的了。事实证明，不安守穷困，胆大妄为绝非解脱困境的良策，它只能让人更加不能自拔，跌入更深的深渊。这种狗急跳墙、饮鸩止渴的行为不停止，人们良好的愿望就只能是泡影，由此付出的代价就远比独守困穷还要惨烈。

[案例]

孝静帝：不听大臣劝阻，被渤海王高澄软禁

南北朝时，东魏大权被渤海王高澄执掌，东魏皇帝孝静帝完全被架空了。孝静帝文武双全，很有头脑，他不甘心做个傀儡，时刻准备夺回大权。

常侍荀济知道孝静帝的心思，于是鼓动他说："陛下有九五之尊，却为奸贼所制，是可忍孰不可忍啊！臣虽无才，但决心保君报国，为国除奸。"

孝静帝大喜，拉住荀济的手说："朝中遍布奸党，似你忠心为国的实在不多了。你如此忠心，朕他日决不负你！"

荀济于是暗中联络忠于魏室的大臣，准备和高澄誓死一搏。

荀济首先找到华山王元大器，一番谈话之后，元大器慨然应允，加入了孝静帝的阵营。当荀济拜见大臣元瑾时，元瑾却表示反对，他说："现在强弱易手，皇上虽尊贵无比，但实际上已形同囚犯，在这种情况下，皇上应该忍耐屈尊，静待良机。如果皇上还想以皇上威严发号施令，那么就大错特错了，我敢断定，事情是不会成功的。"

荀济斥责元瑾说："皇上还在皇位之上，难到要等奸臣篡位才动手吗？你这样拖三阻四，分明是附逆怕死，你对得起皇上的大恩吗？"

元瑾伏地大哭，口道："我不是怕死，我是怕皇上意气用事，反被奸人所害啊！我要面见皇上，如果皇上心意已决，那么我只能以死相随。"

元瑾暗中和孝静帝相见，孝静帝愤怒地列举了高澄的罪状，情绪十分激动。

元瑾默默听完，哀声说："皇上的不幸，臣岂能不知？不过朝廷上下已尽被高澄所掌，皇上还是不要贸然轻动。以臣看来，皇上时下最要紧的是向高澄示好，屈尊结纳，这样既可稳住高澄，又可有足够时日准备反击。"

孝静帝经元瑾苦劝，终于同意暂时按兵不动。高澄命黄门侍郎崔季舒监视孝静帝的一举一动，孝静帝一见到崔季舒，就恨得七窍生烟。孝静帝几次痛骂崔季舒，元瑾都担惊受怕，他劝孝静帝说："现在陛下如同困龙，为保万全，当忘记天子尊荣，和小人虚与委蛇。崔季舒虽是高澄的一条走狗，但他向高澄通风报信，这样的人还是不要激怒为好。"

一次，高澄陪孝静帝喝酒，他全不把孝静帝放在眼里，硬是逼迫孝静帝连饮。孝静帝无法忍受，怒声说："你如此无礼，难道不怕天谴吗？自古没有不灭亡的国家，朕为什么非要低声下气地苟活呢？"

高澄凶相毕露，他让崔季舒连打孝静帝三拳，扬长而去。孝静帝再也无法平静下来，他急召元大器、元瑾等人，哭着说："朕生不如死啊。我发誓再也不能任由他们欺凌了，你们如果忠心于朕，请速速动手灭贼！"

元瑾又劝道："陛下蒙羞，臣等愿死。可是时机还不到，胜算不大啊！"

孝静帝完全听不进去他的规劝："朕贵为天子，当有上天护佑，朕早就不该委身侍贼了！"

元瑾知道劝谏无用，只得铤而走险，他和元大器等人以造假山为名，在宫中挖掘通往高澄住处的地道。但很快就被人察觉，高澄率兵入宫，将孝静帝软禁在含章堂，残忍地将元瑾等人杀害。

孝静帝完全失去了自由，这时，他才后悔没有听元瑾的规劝，怪自己不该草率行事，让帮助他的忠心臣子白白丢了性命。

如果目标在事物发展中因能力小未能达成，遇到不顺时，不妨暂且忍耐或潜心学习，"非止莫阻害之蔓焉。"这样才能避免更大的损失，安全过渡，为达到更大的目标做准备。"躁生百端"，千万不可任性对待，以免连以前的积累也损失掉了。

视己勿重者重，视人为轻者轻。

[译文]

将自己看得不重要的人能得到别人的尊重，轻视别人的人会被别人所轻视。

[解读]

自私自利的人常在困境中苦苦煎熬，他们患得患失，尤其在逆境中，这种情绪就更加强烈，不可遏制。可以说，如果人们在私利前止步，多为别人着想，他不仅能为许多人摆脱困境出力，更可在无形中赢得人们的尊重和扶持，从而让自己获得意想不到的收益。这种为人为己的解脱之道需要宽广的胸怀来支撑，只讲索取不讲付出的人，是得不到这良好的回报的。人处困境尤需放眼长远，这不仅是智慧的力量，更是道德的力量。

[案例]

史学家范晔：阴谋弑君反被诛

南朝宋文帝元嘉二十二年（公元 445 年）九月的一天，右将军南平王烁和征北将军衡阳王义季离朝赴任，文帝在武帐冈为二位将军设宴饯行。然而，就在同一天，一场刺杀文帝的阴谋早已布置好了。

卫将军范晔、丹阳尹徐湛之、散骑侍郎孔熙先同车前往武帐冈赴宴。车上三人全都无心观赏路旁风景，而是不时地窃窃私语，似乎正在谋划着什么重大的事情。

武帐冈内，百官齐集，分别两旁。范晔、孔熙先等站列在大厅门前的台阶上，准备迎接文帝的到来。

没过多久，许耀带领禁卫兵护卫着文帝步入厅院，范晔等趋前恭迎，文帝在厅内就座，群臣山呼万岁，许耀侍立文帝身后。

礼毕，御宴开始。

在宫廷乐队吹奏优美的、婉转的乐曲声中，文帝微笑着首先持玉盏向南平王、衡阳王频频点头说道：

"二位爱卿，即将离京赴任，朕特为二位将军设宴饯行，请尽饮此杯。"

南平王、衡阳王高举酒杯谢恩，然后各自一饮而尽。

文帝今天很有兴致，他环顾四周，邀文武百官共饮一杯。

这时，几乎没人注意到，站在文帝身旁帐围后的许耀轻扣佩刀刀鞘，并向文帝后侧的范晔递了个眼色。这使范晔突然神情紧张起来，低下了头，他不敢正视文帝，而是借饮酒来掩盖其惊慌的神色。

这一切被在文帝另一侧的孔熙先、徐湛之看见了，他们万分焦急，面面相觑，不知所措。眼看宴毕席散，范晔仍然没有采取任何行动。随后文帝起驾回朝，文武百官也三五成群地离开了武帐冈。

范晔、徐湛之、孔熙先驻足在空荡荡的议事厅，良久无语。

一场弑君政变就这样悄无声息地谋划，又悄无声息地失败了。

对于这场弑君政变，文帝并没有察觉，也没有别的人知道。刘宋王朝上上下下仍像往日一样平静、祥和。照理讲，这种局面对于政变未遂的谋划者来说，应该是值得庆幸的了。但也巧了，这几个人个个都胆小如鼠。事后两个月中，他们彼此都不敢相见，深居简出，度日如年，备受煎熬，他们觉得这件事迟早会败露的，到那时大家可就惨了。

　　这一天终于来了。两个月后，徐湛之再也无法忍受这种日子了，为了保全自己的性命，他最后决定向文帝上表告发，并交出了所有的檄文、谋事的信函和约定事成后拟处死之人的名单。这回，一直蒙在鼓里的文帝和满朝文武着实吃惊不小。文帝下令，立即逮捕孔熙先、范晔、谢综及许耀等人。谢综、孔熙先在御史台、大理寺和刑部的共同审理下不久就全都招认了，只有范晔拒不招认。

　　说到范晔，我们对这个名字应该是比较熟悉的。他正是著名的历史学家、散文家。范晔小的时候就很有上进心，他不仅刻苦好学，博学多才，而且才思敏捷，文字功底深，隶书写得特别好，还通晓音律。还不到十七岁的时候就做了官，并以出众的才华受文帝的赏识，得到了尚书吏部侍郎这一职位。范晔曾做了很长时间的鼓城王义康的府佐。十年前义康母卒，治丧期间，范晔与同僚整夜饮酒，并开窗听挽歌为乐，违反了朝廷禁令，被义康贬为宣城太守。这第一次挫折使得一向心性很高的范晔对做官没有兴趣了，便寄情于写作和读书。他博采魏晋以来各家关于后汉史的著作，整理撰写成著名的《后汉书》。没过多久，他再次被文帝起用，被提升为长沙王义欣镇军长史。其间，又因奔嫡母丧不及时，且又随身

携带妓妾，再次违反朝廷禁令，被人告发。因文帝喜欢他
的才华而未加追究。后来又升他为左卫将军、太子詹事。

范晔博学多才，但骄傲自大，行为放荡，加上贪图
功名利禄，常常自以为怀才不遇而有怨言。但文帝深爱
其才，对他的小毛病并不过分挑剔。但是，尽管范晔表
面上满腹怨言，文帝毕竟对他还不错，甚至有时还包庇
他，所以他也不至于首倡谋叛之事。

范晔在受审时的表现却出乎人们的意料。其他人都
招认了，范晔却守口如瓶。文帝见三司审讯范晔多日，
还没有结果，决定亲自审他。

文帝说："你跟孔熙先、谢综、徐湛之等筹划谋反，
他们都已招认了，而且现在证据俱在，你为什么到现在
还不承认呢？"

范晔答道："宋室江山坚如磐石，藩镇林立，即使
谋反侥幸成功，官兵立刻就会来讨伐，过不了几天就会
被消灭，况且臣现已身居高位，深得皇上宠信。再慢慢
进取，自然能不断得到升迁，何必去冒灭族的危险而图
谋政变呢？再说，平心而论，臣如此胆小，还没有谋反
的胆量。"文帝见范晔仍不肯招认，生气地说："孔熙
先就在华林门外，你敢跟他当面对质吗？"

范晔说："如果熙先诬陷我，那我也没什么可说的。"

文帝不愿再与他周旋，便拿出孔熙先交出的经范晔

修改完稿的举事檄文及一些书信、决定等，范晔再也无法抵赖，只好供认了。范晔最后强辩说："臣早就想向皇上启奏，但因逆谋没有泄露，我希望能不了了之，所以时至今日才禀告皇上。臣罪孽深重，甘愿受诛戮。"次日，范晔被押入廷尉大牢。

范晔见同谋数人都在狱中，只是少了徐湛之，便问众人："徐丹阳何在？"这才得知是徐湛之告的密，心里又是恼恨，又是沮丧。

文帝有一把白团扇，十分精美，他派人拿到狱中，让范晔题写诗词佳句。范晔拿着团扇，心潮澎湃，感慨万千，最后他提笔写道：

去白日之炤炤，

袭长夜之悠悠。

文帝看了如此佳句，也顿觉凄楚。

范晔以为文帝既然派人来探监让他题诗，就一定会赦免他，谁知盼了二十多天盼来的却是处死他的决定。临刑前，范晔将自己所持的无鬼论抛在脑后，给出卖他的徐湛之留下了"当相讼地下"的遗言。

元嘉二十二年（公元445年）十一月末，文帝颁布诏书将范晔及其三个儿子，孔熙先及其三个弟弟一子一孙，谢综及其弟，许耀、仲承祖等判处死刑。

对智计的迷信和依赖是许多人失败的一个重要原

因。应该说，谋划别人没有智计是不行的，可对智计的滥用和偏好也是有害的。品德和修养是人生的基础，决定一个人一生行事是善是恶，是美是丑。一个人没有好的品德，再好的学识也不能有益于人，可能还会害人，而且知道越多，害人越深，权势越大破坏愈广。一个品行不端的人，很难在事业上有所成就，就是可能荣耀于一时，但终究会一败涂地。只有权衡智计得失，当用则用，当弃则弃的人，最终才能立于不败之地。所以，成功的事业者必须德才兼备。

患以心生，以蹇为乐，蹇不为蹇矣。

[译文]

祸患从思想而发，如果把困境视为乐事，那么困境就不是困境了。

[解读]

人们的思想不同，看待问题的结果自有差异。困境既然无处不在，如果换个思维，把它视为乐事而从容待之，自会少却许多烦恼了。这不是自我欺骗和麻醉，而是处世哲学中的一大实用方法，也是人生智慧中的闪光之处。只有蔑视和超脱困境的人，才可能真正摆脱困境的束缚，不为困境所困。这种思维的转变，是以不局限于困境为前提的，停止对困境的责难和厌弃，人们才能看清困境的本来面目，找到突破口。

[案例]

张仪：受尽羞辱，最终当上了秦国的相国

战国时期，张仪和苏秦一同拜鬼谷子为师，学习权术。张仪聪明机警，苏秦都自认赶不上他。一次，鬼谷子和张仪谈话，指出了他的缺点，鬼谷子语重心长地说："你头脑灵活，深得我的真传，但是你这个人强调无拘无束，不喜世俗，我担心你满足所学，不能够为苍生倾尽全力啊。"

张仪讨厌时政，他对鬼谷子说："我之所以学习实乃兴趣使然，我事实上并不想凭此当官弄权，这有什么不对吗？我无官无位，却是没有了羁绊，正可逍遥自在地生活啊。"

鬼谷子怅然道："地位低下就要遭受欺侮，无官无位便不能学以致用，我们无法做到与世隔绝，你的想法是不现实的。"张仪不认可鬼谷子老师的话，对于世事他没有太多的感受。最后，他只是答应鬼谷子不做隐士。

　　张仪学业有成后，辞别了鬼谷子，出山游说诸侯。一天，他和楚国相国一起饮酒，相国丢了一块玉璧，相国手下人便怀疑是张仪偷去了，他们对相国说："张仪又穷又贱，见了宝物怎么能不动心呢？这种人什么坏事都干得出来，因为他们一无所有啊。"

　　相国认为有理，他吩咐道："看来张仪嫌疑最大，抓起来审问他就会有结果，而且要给他上刑拷问，我想他是不会轻易承认的。"

　　相国手下人不由分说地就把张仪抓起来，喝令他交出玉璧，张仪叫屈道："我饱读诗书，明礼知节，我绝不会干这种无耻的勾当，你们冤枉我了。"

　　相国的这些手下人根本不听他的辩解，仍令他交出玉璧，张仪一再否认道："你们一口咬定是我偷了玉璧，你们可有证据吗？"

　　相国手下人说："这件事不需要证据，就凭你是个下贱之人便足够了！只有你才会干这种事啊！"

　　张仪顿时气得青筋暴跳，险些晕倒。这些人狠狠地打了几百鞭子，然后又问他，张仪依旧是死不承认。最后，这些人给他又严刑逼供了很久，也没得到他们想要的结果，就把张仪放了。

　　张仪回到家中，妻子对他说："嘻嘻！你要是不读书游说，怎么会受此辱呢！"张仪问妻子："你看我舌头还在吗？"妻子说："舌头还在！"张仪说："舌头还在就行了！"

从此，张仪决心求取功名，做一个高贵的人。所以，他满怀希望地到了赵国，求见他当年的好友苏秦，想请他扶持。

苏秦和张仪是两种人，所以苏秦很早就有高贵的身份，此时正担任赵国的相国，位高权重。他听说张仪来投靠他，不禁喜上眉梢，他对自己的属下说："张仪的才能是超过我的，只是这个人不解世俗，孤傲不羁，不激怒他就无法挖掘出他的才能。我有一计可使他振作起来，还望你们从中配合。"

张仪到达苏秦府门口，递上名帖求见苏秦，苏秦的属下借故推脱道："相爷为国事奔忙，今日无法抽身，你还是明天再来吧。"

张仪也没多想，就走了。第二天，他又来拜见苏秦，苏秦的属下见张仪又来了，便赔笑说："相爷已经知道你来了，现命我等好生招待于你，只是他今日无暇，你可耐心等待。"张仪心中有些不是滋味，暗怪苏秦无礼。他一直忍耐了几天，终于见到了苏秦。

完全出乎他预料的是，苏秦召见他时，竟然让他坐在堂下，而自己却高高在上，且命人端上来的东西都是仆人吃的饭食，让他难以下咽。

张仪心中的气开始燃烧了，但他还是忍耐着。这时，苏秦首先说话，他板着脸居高临下地教训张仪道："你这个人自恃有才，为什么竟混到如此的地步呢？你自甘下贱，便不能怪我以下贱待之，你还是自寻出路吧。"

张仪在苏秦这受尽了羞辱，他恼怒了，发誓要出人头地，于是赶往秦国游说。张仪这次竭尽了全力，使出了浑身的才能。同时，也是在苏秦的暗中帮助下，张仪终于大功告成，当上了秦国的相国。

"人生不如意，十之八九。"得意和失意只是人生不同的状态。成熟心智的人应该做到，"失意是我，得意依然是我""以塞为乐，塞不为塞矣。"用平常心去面对，就不会有大的起落和风险了。

穷不言富，贱不趋贵。

[译文]

在贫穷的时候，不要轻易妄言富贵；在贫贱的时候，不要巴结富贵的人。

[解读]

人处微贱有许多禁忌，不可不慎。社会的残酷和不公，使社会底层之人更要小心保护自己，自尊自爱。嫌贫爱富、势利之人比比皆是，身处贫困若再没有了骨气和节操，那就更不值一文了，有的只是徒招屈辱。人没有天生的富贵，只要不甘贫穷，不自轻自贱，终有出头之日。保有良好的德行，不失人的尊严，本本分分地生活，是穷困之人的头等大事，它可以让人安身立命，也可使人待机而动，扭转乾坤。

[案例]

文徵明：一生拒绝依附权贵，王爷宰相都不买账

著名的"江南四大才子"在中国民间家喻户晓，相比起唐伯虎和祝枝山，文徵明这个名字相比来说不太著名，但相比其他几位才子而言，他的故事却更加喜剧一些。

文徵明也算是个官二代：他的父亲文林是温州知府，叔父文森则做到右佥都御史。文林官声很好，并且非常赏识一个叫作张璁的秀才。在他于任上时去世，家里因为治丧而相当拮据。当地百姓凑了一千两银子给只有十五岁的文徵明，文徵明全部退了回去。百姓们只好拿这笔钱修了一座却金亭，以纪念这件事。

文徵明虽然日后极负盛名，但和他的好友唐伯虎等人不同，他的童年不但不聪明，甚至还显得有些傻。直到他长到十岁以后，才展露出其过人的才华。在亡父的几位好友的悉心指导下，文徵明的琴棋书画都极其出色，其盛名也为天下所知。

虽然名声很响，但文徵明早年的生活是很清贫的。当地巡抚想帮帮他，又不好直接给他钱，于是指着他的破衣服说："怎么破成这个样子啊？"文徵明假装没听懂，说："下雨淋破的。"巡抚知道文徵明不会要这个钱，只好悻悻作罢。

文徵明虽然才华横溢，但是对科举功名却实在没什么兴趣。巡抚大人看他如此能干，半劝半强迫地给他弄了个贡生的头衔，哄到吏部去弄了个翰林待诏的头衔。

此时正是张璁入朝为相独秉朝政的时候，文林的另一位好友杨一清也重新入阁。按理说这两个红人在朝廷当官，文徵明的仕途应该一片坦途，然而事实却远非如此。

张璁还是个穷秀才的时候，文林对他很好，常常在自己不宽裕的俸禄里拿一部分出来接济他。掌权以后，张璁感念文知府当年的恩情，想要提携文徵明，暗示他依附自己，文徵明明确拒绝，绝不和张璁有任何公务外的交往。

杨一清在接见翰林时，文徵明躲在很靠后的位置，杨一清对他说："孩子啊，我和你父亲是老朋友了，你不知道吗？"文徵明严肃地说："先父已经辞世三十多年了，他的教诲我却从没有忘过。我实在是不知道他和您是老朋友，您见谅！"杨一清非常惭愧，不再提此事。

尽管文徵明不愿意依附张璁和杨一清，但他们还是愿意帮一把这个才子，准备给他升官。然而，在翰林院待了一段时间以后，目睹了翰林之间相互攻击和互相倾轧的丑剧的文徵明更加不愿意在仕途上有何作为。在他的一再要求下，张璁终于放他回家逍遥去了。回家不久，杨一清和张璁就纷纷倒台，依附于他们的官员都没得到什么好结果。

回到家乡的文徵明声名更加显著，从四面八方慕名而至来求他字画的人络绎不绝。文徵明对那些请自己写个门联的普通乡亲总是有求必应，但对于那些拿着一大堆钱来的官宦，他却常常爱搭不理。

由于早年险些步挚友唐伯虎的后尘加入宁王朱宸濠的叛军，文徵明对王府来客的态度尤其冷峻，总是推辞："给你们写东西是法律所不容的。"周王、徽王拿着珍宝前来只为求他一幅字，文徵明看都不看，直接原封不动地给人家退了回去。

文徵明这样做虽然让周围的贫苦乡亲装点门面的时候有了好东西，也收获了蔑视权贵的好名声，但是也间接带来了一个问题，就是他的作品在当时就有许多赝品伪造。而生性淡泊的他也没那个打假维权的意识。穷人家里用来贴的门联是不会保存多久的，而富户又很难得得到他的墨宝，从而造成了五百年以后文氏的真迹难得一见。

但这并不影响文徵明成为一代文坛巨擘。而且这位才子还相当的长寿，嘉靖三十八年（公元 1559 年）他去世的时候，已经是个年逾九十的老人了。有赖于他两袖清风的行事风格，文家的家风也一直崇尚淡泊名利，在教育战线发光发热。他的曾孙还教出一位皇帝学生，甚至还入阁为相，只是这个皇帝叫朱由检。

江南四大才子之中，只有文徵明寿命最长，而且结局最好。这其中不仅有其人生经历较为平坦的原因，更有其生性淡泊名利、不喜功名，秉持"穷不言富，贱不趋贵"的人生态度的因素。

忍辱为大，不怒为尊。

[译文]
忍受屈辱是最重要的，不发怨怒是最宝贵的。

[解读]
俗话说："小不忍则乱大谋"，人在困境尤需要

忍受屈辱。屈辱是困境之人难以躲避的，不能忍受它就会使自己的处境更加险恶，使自己狭窄的生存空间更添危机。空发怨怒无益于处境的改善，只会招致更大的打击。能做到忍辱、不怒是件不易的事，它要求人们必须对现实和自身有清醒的认识，如果把它提高到生存的智慧和人生的谋略上，这样变通和豁达就毫不难为了。在无助的情况下，调整自己的心态和行事准则，能度过一切难关。

[案例]
韩信：知行知止唯贤者，能屈能伸大丈夫

忍辱规则在历代官场中被用得最多，能忍辱者乃大丈夫也。其实，暂时的忍辱并不是贪生怕死或胆小懦弱，而是为了更好地成事。就像跳远时往后退几步然后加速方能跳得更远一样。

汉初的淮阴侯韩信是一位叱咤风云的战将，为汉王朝立下了赫赫战功。虽然，到最后被吕后诛灭，但毕竟是一位盖世英豪。就是这位叱咤风云的盖世英豪，在早年的处世生涯中却忍受了不少奇耻大辱，也正因为他忍住了那些奇耻大辱，方才拥有了后来的叱咤风云。

韩信本是淮阴人，出身贫寒。他既不能被推举做官吏，又不会从事生产或做生意赚钱，所以常常到熟人家

里去混饭吃，这些人家都不喜欢他。

他曾经多次投靠在邻乡的一个亭长家里求食，一连几个月。亭长的妻子很讨厌他，于是很早就起床把饭做来吃了，等韩信到吃饭的时间去时，饭已没有了。韩信当然知道是怎么回事，从此便再也不去亭长家了。

韩信到淮阴城的河边去钓鱼，有几位老大娘在那里漂洗丝绵。其中，有一位老大娘见韩信到了吃饭时间还坐在河边，一副饥肠辘辘的样子，知道他没有饭吃，便把自己带来的饭分给他吃。此后一连数十天都是如此。韩信非常感动，向老大娘道谢说："我将来一定加倍报答您！"老大娘却生气地说："谁稀罕你的报答？一个堂堂男子汉却养不活自己，我是看你可怜才给你饭吃！"

当时，淮阴城有个年轻的屠户很看不起韩信，他轻蔑地对韩信说："别看你身材高大，又喜欢带刀佩剑，其实你是个胆小鬼！"

韩信不予搭理。那年轻屠户又当众侮辱他说："怎么你不吭声呢？难道你不承认吗？那好，如果你不是胆小鬼，就刺我一刀；要是你不敢刺我，那就承认你是胆小鬼，从我的胯下爬过去吧！"

韩信把那年轻屠户看了好一会儿，又想了一想，居然真的低头俯身从他的胯下爬了过去。那人哈哈大笑，满街的人也都嘲笑韩信，认为他胆小怕事。

后来，项梁率兵起义，韩信拔剑从军，但一直没有什么名气。项梁兵败后，韩信又跟随项羽的部队，也只做到郎中官，他多次向项羽献策都没有得到采纳。当汉王刘邦率兵进入蜀地时，韩信从楚军中逃出来投奔了汉军。开始仍然没有得到重用，只做了一个管理粮仓的小官。后来终于得到萧何的赏识，被萧何全力保举给刘邦做了大将，从此一举成名，为刘邦打下了半壁江山。

垓下会战彻底打败了项羽后，刘邦封韩信为楚王。韩信到达封地，找到当年曾分给他饭吃的那位老大娘，赏给她黄金一千两作为报答。又找到那位亭长，只赏给他一百钱，对他说："你是个小人，做好事有始无终。"最后，他招来那位曾让他受到胯下之辱的屠户，不但不杀他，反而还任命他为楚国中尉，并对将领们说：

"他是一个壮士。当时他侮辱我时，我难道真的不敢杀他吗？不是的。但我杀了他就不能成名，不能实现自己的抱负了，所以我忍辱而达到了现在的境地。我真该谢谢他，他磨炼了我的意志！"

"知行知止唯贤者，能屈能伸大丈夫"。能屈能伸就要以退为进，即在不得志时能承受屈辱、克制忍耐，在得志时方能施展抱负。

一般说来，能忍辱不像是智谋，更多的是体现出一种气度，一种素质。从孔子所谓的"小不忍，则乱大谋"

来看，能忍辱也仍然是一种智谋，一种投资痛苦、回收时间较长的智谋，甚至还可以说是人生的一大智谋。隐忍不是消极地避凶就吉，而是为了暂时收敛锋芒，隐匿踪迹，养精蓄锐，待机而动。就是说忍是迫不得已的，即使忍也要做到主动、自觉，不动声色地壮大实力，以便在时机成熟时奋起继进。可见这种忍不是逃跑主义，而是前进的一个环节，是为了下一步夺取胜利做准备。只有这样才称得上谋略。

一个有抱负、有才华的人为了实现自己的目标，常能在不利的环境下暂时隐忍，等待时机，以图他日东山再起。

蹇非敌也，敌乃乱焉。

[译文]

困境不是敌人，真正的敌人是放纵胡为。

[解读]

困境不是人们放纵胡为的借口，也不是决定人们一生命运的根本。对有志之士而言，它却是催人奋进，自强不息的无穷力量，激发出他们旺盛的斗志。善于从困境中突围的人，在任何时候都会感谢困境所带来的经验和启迪，而失败者只能在埋怨中离成功更远。乱行是可怕的，在困境中不守规矩更为可怕，人们或许会同情你的遭遇和不幸，但决不会原谅你所造出的恶果。

[案例]

钟仪：虽在监狱中，每天都正冠沐面

钟仪，生卒不详，是楚共王时期楚国设在郧邑的行政长官，人称"郧公"，且世代世袭伶人（即乐师）一职。楚共王七年（公元前584年），楚国令尹子重率兵攻打郑国，钟仪随军出征。楚国战败，钟仪沦为战俘，被郑国抓住。而郑国为了转嫁矛盾，又将钟仪转送至晋国，成了"楚囚"。

虽然成了阶下囚，但钟仪时刻不忘故国。他头颅依然高昂，虽然监狱中阴暗潮湿，蝇虫遍地，但他每天都正冠沐面，朝南而坐，他想到楚国的战败，不禁潸然泪下。

过了两年的囚禁生活，到楚共王九年（公元前582年），晋景公偶然见到了"楚囚"钟仪，他问别人道："兵器库里那个头戴南方式帽子的人是谁？"

随从回答说："那人是郑国转送来的楚囚"。

景公对这个被关押了两年，还仍然戴着自己国家帽子的人十分感佩。他下令把钟仪释放出来，并立即召见，以示抚慰。期间，晋景公问起钟仪的家世，钟仪回答："我的先世是职业乐师。"

景公当即要他奏乐，钟仪拿起琴，演奏起楚国的乐曲。景公有些不高兴，又问："你认为楚共王这人怎样？"

钟仪回答说："这不是小人所能评价的。"拒不评论楚共王的为人和其他的事。

晋国大夫文子知道后，说："这个楚囚，真是既有学问，又有修养，弹的是家乡调，爱的是楚君王，有诚有信，不忘根本。这样的人，大王应该放他回去，让他为晋楚两国修好起一些作用。"

景公采纳了文子的意见，放回了钟仪。

钟仪回到楚国后，如实向楚共王转达了晋国愿意与楚国交好的意愿，并建议两国罢战休兵。共王采纳了钟仪的意见，与晋国重归于好。

打败我们的不是敌人，往往是我们自己的放纵不拘。钟仪虽然在监狱里，每天都正冠沐面，朝南而坐，保持自己的尊严，最终被释放。困境非敌人，其实最大的敌人是自乱阵脚。只要有定力，终究会解脱。曾国藩曾经对自己提出过"六戒"，第一要务就是戒掉放纵的习惯。人要对自己有自知之明和约束，懂得有些事不可为。千万不可随意而为，想做什么就做什么，只要严格约束自己，戒除自己身上的坏毛病，才能取得命运的主宰权。

释怨卷八

世之不公，人怨难止。

[译文]

[译文]

世道不公平，人们的怨恨就难以停止。

[解读]

　　怨恨的根源，归根到底还是由世道不公而引发的。怨恨积累到一定的程度，它的爆发破坏力惊人，是任何人不能轻视的。其实，消解人们的怨恨当从治世开始，不从根本上解决问题，要彻底消除仇怨便只能是句空话。无论何人都不能漠视对己怨恨的增长，高高在上者无上的特权也会被积怨摧垮。聪明的掌权者做

出一些姿态和让步，甚至忍痛割爱来化解怨恨，正是
出于这样的考虑。

[案例]
周世宗：恨上苍不公，恨下臣不贤

　　世间不公平之事何其多，无论到哪里都没有绝对的
公平可言，人性的丑陋总是展现得淋漓尽致。

　　五代十国时的周世宗是个英明果敢的豪杰，在当时
那样混乱的情况下，仅仅用五六年时间，他的威望和名
声便震慑了整个中国，可以说是一代英主了。然而，他
却不到四十岁就死了。死后不过半年，政权就落到赵匡
胤之手。他一生的功绩，只不过为宋的强大奠定了基础。

　　考察他一生行为，他之所以命短，只怕是因为他性
格太过暴躁，动用刑法太严，他手下的官员，稍有过错，
他便处以重刑杀掉。他虽富有才干，办事雷厉风行，但
却不懂宽容。

　　当时翰林院医官马道元曾进状给世宗，诉说自己的
儿子在寿州境内被贼杀死，现主犯已在宿州被捕，当地
州官不认真断理此案。一向重视整顿吏治的世宗闻听此
言，勃然大怒，派大臣窦仪乘驿站快马去处理此案。

　　窦仪秉承世宗旨意，在制刑上格外严酷。审理结果，
牵连处死了二十四个人及其家属。知州赵砺亦因此被撤

职。这件事本来只是马氏的一个儿子遭杀，怎么能株连二十四家的族人呢？古人常说："过刚则折。"周世宗励精图治，是有名的勤政之君，脾气又如此暴躁，怎么会不短命呢？

秦始皇的暴虐，周世宗的酷烈，使他们都被打上了暴君的印记，纵然贵为皇帝，他们的心里也有不公，恨上苍不公，恨下臣不贤，恨自己的王道不能完全地得以实现，于是他们暴虐，于是他们的手下，无以计数的忠臣贤民难得善终，可是最终他们的寿命也都没长到哪去。可见，喜怒无常带给人们的不仅是处事上的失误，也是对自己身体的戕害。

尘世之上，真正的"公正"与"公平"是不存在的，万物都有其相对性，人不能只凭着一个片面的见识便冲动起来，因为无论是对人还是对己，一时的冲动都不会有什么好的结果。不要以为自己是手握着"公道"大旗的执旗手，不妨糊涂一下，置身事外。从旁观者的角度将问题重新审视一遍，也许公正才能真正地由心而生。

穷富为仇，弥祸不消。

[译文]

穷人与富人互相仇视，遍布的祸患就无法消除。

[解读]

穷富差别造成的对立自古难去。穷人和富人互以为敌，严加戒备，由此激发的祸患层出不穷，双方的损失都是极为惨重的。要消解双方仇怨，重要的是富者要戒除为富不仁的行为和狂妄态度，穷者也要摆正心态，不能因穷生恨，狭隘地视富为仇。没有人甘于贫穷，也无人富不思保，穷富之间只要善于应对、处置得当、各有所止，双赢的效果就会显现。

[案例]

董其昌：精于书画，但是为人道德败坏，为富不仁

明朝的董其昌精于书画，在地方名声很大。后来，他官至南京礼部尚书，仕途也很顺利，但董其昌为人道德败坏，为富不仁。

董其昌经常滥用职权，贪赃枉法，他还怂恿儿子欺压百姓，他对儿子说："我们之所以富裕，都是因为为父善于在穷人身上捞取钱财。你千万不能同情穷人，否则，我们就会变成穷人了。"

松江有位秀才叫洪道泰，家中颇有些钱财，董其昌的儿子董祖常看中了洪家的财产，就和董其昌商量用什么方法可以夺得。

董其昌告诉儿子说："洪道泰这个人很正派，首先必须拉他下水。一旦他染上了吃喝嫖赌的毛病，我们就不愁没有机会下手了。"

但是，洪道泰为人正直，尽管董祖常百般拉拢，他也不上当。董祖常的耐性被磨没了，竟命打手把洪道泰按在地上往他嘴里灌酒。洪道泰又恨又怕，只好选择了破财消灾的办法，主动献上大部分家财，这才没有遭到董家父子的进一步迫害。

董家父子为害乡里，有些人就劝董其昌说："你知书达理，富甲一方，已经是人上人了，你应该感谢上天的护佑，为百姓造福。然而，你现在的所作所为实在令人指责，这不是保家兴业之道啊。"

董其昌大笑道："富贵在天，有上天护佑便足够了，我是不会讨取穷人欢心的。如果他们愿意骂就骂好了，我是不在乎的，除了解解口头之愤，他们又能奈我何呢？"

董其昌变本加厉，百姓对他恨之入骨。华亭县有位说书人名叫钱二，他把董家父子的丑行编成了《黑自传》

一书，四处传说。董其昌听说后把钱二抓起来，逼他说出幕后的主使。钱二说："我说的事人人皆知，并不是我的编造，要怪只怪你们父子不仁不义了。"

董其昌更加恼怒，命打手们严刑拷问钱二。最后，钱二忍受不了酷刑，胡乱指认秀才范昶是主使之人。

董其昌又想抓捕范昶，他的一位弟子劝阻道："这件事不宜扩大，否则只会惹来众怒，让更多的人指责大人。大人才高位显，不必和一个说书人争个长短啊。"

董其昌大骂了弟子，随后命人把范昶抓来，并强迫范昶跪在地上和钱二对质。范昶不堪其辱，几天后竟是一病不起，随后就死了。

范母听到儿子的死讯后，悲痛欲绝，她哭着到董家讲理，董其昌却指使打手对范母大打出手，还百般凌辱。这件事很快传开了，那些早就想除掉董氏父子的人带头，他们把大街小巷都贴满了董家父子罪恶的传单，以致所有当地的百姓都知道了这件事，他们同声咒骂，不绝于耳。

董其昌大怒，他倚仗权势，要求当地官员追查写传单之人。一位官吏怯怯地说："所谓众怒难犯，大人若是还不肯罢手，恐怕事情难以控制。"

董其昌丝毫听不进去。蛮横道："我向来不怕众怒，除非他们是不想活了，这里还是我的天下！"

于是，官府的衙役四处搜捕贴传单的人，当地百姓更加愤怒了。松江府所辖的松江、上海、青浦三县的秀才们联合起来，到府县衙声讨董家父子，为范昶喊冤。

不久，范母含恨而死。痛恨董家父子的数万百姓们齐聚董府门前，让董其昌出来谢罪。董其昌不敢露面，他的弟子劝他说："大人如果能诚心认错，相信人们不会为难大人。他们是满腔义愤而来，大人不给他们一个交代，祸不可解啊！"

董其昌有些不知所措，但他仍想逞凶吓退众人，他命令打手们死守大门，对靠近之人掷以砖头瓦块，加以攻击。百姓愤怒不已，潮水般地冲破阻拦，撞开大门，愤怒的百姓们在瞬间就把数百间的董府砸得千疮百孔，随后又放火焚烧了。一夜之间，雕梁画栋的董府便化为了灰烬。

事物往往是对立存在的，有财富而好礼者，当然也不乏阴险、心狠手辣、唯利是图之人。然而，他们的生存空间会越来越小，到最后只能彻底消失。因此，求富心切的人们，请牢记：富而好礼，而不要为富不仁。

富有而爱好礼仪，这是孔子对富人的教诲；一心贪图致富便不能施行仁义，这是孟子对世人的告诫。通常行仁义者能保持幸福而消灾灭祸，爱好礼仪的人完全能保持已有的成就而防止失败。

君子不念旧恶，旧恶害德也。

[译文]

君子不计较以往的恩怨，计较以往的恩怨会损害君子的品行。

[解读]

俗话说："大人不计小人过"，要想成为君子，就必须拥有超过常人的雅量。世上的君子凤毛麟角，透过他们宽广的胸怀，人们更应看到他们超前的目光和不凡的见识。在君子看来，世间恩怨本是癣疥小事，若纠缠其中不能自拔，只会让人目光短浅，无法成就大事。何况修身养性，超凡脱俗，讲究的就是戒除俗见，洞悉世理，如果和平常人一样拘于俗情，其品德修养自无从提升了，这对他们才是最大的损失。

[案例]

不念旧恶，只有原谅别人，才能放过自己

春秋晋平公的时候，有一个叫南阳的地方缺一个官。晋平公问祁黄羊："你看谁可以当这个县官？"祁黄羊说："解狐这个人不错，他当这个县官合适。"平公很吃惊，他问祁黄羊："解狐不是你的仇人吗？你为什么

要推荐他？"祁黄羊笑答道："您问的是谁能当县官，不是问谁是我的仇人呀。"平公认为祁黄羊说得很对，就派解狐去南阳作县官。解狐上任后，为当地办了不少好事，受到南阳百姓普遍好评。

过了一段时间，平公又问祁黄羊："现在朝廷里缺一个法官，你看谁能担当这个职务？"祁黄羊说："祁午能担当。"平公又觉得奇怪，"祁午不是你的儿子吗？"祁黄羊说："祁午确实是我的儿子，可您问的是谁能去当法官，而不是问祁午是不是我的儿子。"平公很满意祁黄羊的回答，于是又派祁午当了法官，后来祁午果然成了能公正执法的好法官。

孔子听说这两个故事后称赞说："好极了！祁黄羊推荐人才，对别人不计较私人仇怨，对自己不排斥亲生儿子，真是大公无私啊！"

"君子不念旧恶"是有道德的人，不会记旧恨，这警示人们：原谅别人，其实也是放过自己。

念旧恶、记仇怨是人们常见的一种不良情绪，是一种精神上的毒素，这种毒素常常苦了别人，害了自己。

明正统十四年（公元 1449 年），蒙古瓦剌大军在土木堡将五十万明军打得全军覆没，俘虏了御驾亲征的英宗朱祁镇。大明群龙无首，人心涣散。兵部侍郎于谦挺身而出，拥立英宗的弟弟朱祁钰为景泰帝，奉英宗为太上皇，并亲自率师列阵北京九门外，一举击败瓦剌大军，瓦剌被迫放回英宗。可以说没有于谦，中国历史可能突然转向；没有于谦，明朝两百余年的国祚延续也无从谈起。

然而，英宗是朵奇葩，打仗很怂，搞政变的水平一流。明景泰八年（公元1457年），他发动政变，把弟弟赶下台，终于夺回了念念不忘的龙椅，改元天顺。英宗是个"念旧恶"的主，他念念不忘自己被挟持为人质立于城下时，于谦拒开城门；他念念不忘于谦拥立朱祁钰为帝，而使自己人走茶凉。于是，他捏造一个"意欲迎立外藩"的"谋逆罪"，杀了于谦。

因为"念旧恶"，明英宗自毁长城。就在于谦死后第二年，鞑靼大举进犯，明英宗满面愁容，满朝文武默不作声，恭顺侯吴瑾感慨地说："使于谦在，当不令寇至此。"英宗听了追悔莫及。

生活中，与人相处，出现误会、摩擦、矛盾，在所难免，如果因此怀恨在心，计得失，算恩怨，针尖对麦芒，以牙还牙，以怨报怨，必然导致矛盾激化，关系紧张，双方都陷入无休止的争斗中。一般情况下，一个人的仇恨心太重，往往使自己受苦，仇恨带来的痛苦，让人如困仇城。当心灵浸泡在仇恨当中，又怎么可能容得下快乐的阳光。

不念旧恶，于人是一种宽容，于己是一种慈悲。只有原谅别人，才能放过自己，才能放快乐一条生路。很喜欢"相逢一笑泯恩仇"这句话，人生可以有恨，但切莫记恨，没有过不去的恩怨，只有过不去的心情。

小人存隙必报，必报自毁也。

[译文]

小人心有隙怨一定要报复，这样只能自我毁灭。

[解读]

对小的恩怨抓住不放，加倍报复是典型的小人行为。他们无日不生活在仇恨之中，在打击别人的同时，也使自己四面楚歌，陷入空前的孤立。考察小人的毁灭过程，正是从他们报复别人开始的，这不仅充分暴露了他们的小人嘴脸，也使他们的恶行积累，直至多行不义必自毙。小人的下场是一面镜子，它警醒世人不要以怨对怨，否则伤害的不仅是别人，更是自身。

[案例]

卢杞：睚眦必报，害人害己

唐朝卢杞，字子良，滑州灵昌人。卢杞出生于名门望族，是侍中卢怀慎的孙子，御史中丞卢奕的儿子。由于家中几代都是入朝为官者，于是卢杞也受到庇荫担任了忠州、虢州的刺史。建中初年，卢杞继承父业担任御史中丞，后来又升为了御史大夫，之后一直升任，直到成了宰相。

卢杞这个人留给大家最深的印象就是睚眦必报。尤其是在他作为宰相的那段时间，只要有人稍稍不合他的心意，就一定要置他于死地，好多忠良都在那个时候被卢杞陷害致死。

有一次，宰相杨炎认为卢杞不但貌丑，而且人还非常的无知，经常在卢杞面前表现出看不起他的样子。卢杞知道后，就在德宗面前诽谤杨炎，杨炎因此获罪而遭贬官。还有一次，朱泚叛乱，德宗逃到奉天后，崔宁整日流着泪谈论目前的时事。卢杞对崔宁的这种做法十分反感，于是就向德宗进言说，"崔宁和朱泚是立过盟誓的兄弟"。德宗听到这个消息，马上下令赐死崔宁。

卢杞在自己为政期间，一直不断地陷害忠良，还搜刮民脂民膏。不论是朝堂上的大官还是民间的小老百姓，都对他的做法怨声载道。后来京师失守，大臣们联名上书弹劾卢杞，皇帝迫于形势压力，将卢杞贬为新洲司马，后来又贬为澧州别驾。卢杞在赴任途中病逝。

睚眦必报这种恶性，在人类社会定性为：小人，意思是说不成熟的人，心智没有长大的人，虽然这种人的年龄已是成年人了，但是他的心智，他的心灵，还是处于低端，不具有一定成熟的分析能力和思辨能力，这类人更容易对社会产生意外的破坏性。

自古以来，先贤们就认识到了这种危害性，一直强调修身的重要性，这就是所谓的"德"。

孟子曰："人不可以无耻，无耻之耻，无耻矣。"对于每一件事，必须冷静地思考，而不是一时冲动，睚眦必报，做出小人行为，害人害己。

和而弗争，谋之首也。

[译文]

讲和不起争斗，这是谋略首先要考虑的。

[解读]

"和为贵"的思想，在谋略之中始终占据突出的位置，它带来的好处不仅是现实的，更是长远的。在处理各种复杂的情况时，如果抱定这一宗旨，不逞勇斗狠，不恃智用武，许多无谓的厮杀和损失就可避免，这对双方都是有益的事。更重要的是，无论谁暂时获胜，仇怨只能加深加剧，为日后埋下无穷的隐患，从这个角度看，最好的谋略并不是谋胜，而是谋和。

[案例]

郑侠：与王安石化解仇怨，酒逢知己

南京清凉山有座"一拂寺"，寺里敬的一尊像是北宋的一位清官，叫郑侠。传说他做官清正，罢官回金陵时，两袖清风，随身只有一根掸灰的拂尘。后人敬重他，就在他去世后，造了这座"一拂寺"来纪念他。

郑侠怎么被罢官的呢？说来跟王安石有一段牵连。当时，王石安做宰相，为了让百姓喘口气，叫北宋兴旺起来，就在全国推行新政。神宗皇帝蛮相信他，封他做荆国公。可是，牡丹虽好还要绿叶扶持，许多权贵富豪，不但不帮衬他。相反，对他十分忌恨。因为新法捆了他们的手脚，使得他们不能像往日那样搜刮老百姓。在一层层推行新法的时候，他们要刁故意做偏了，害得百姓受罪，叫王安石的新法行不通，歇火。

郑侠是个一根肠子通到底的人。有一回，他看到老百姓受折腾，不晓得是权贵富豪们故意捣鬼，还以为是新法的弊病，就连夜画了一幅《流民图》呈给皇上，反对新法。皇帝那刻儿是"新砌茅缸三天新"，推行新法

正在兴头上，看到这幅《流民图》，火冒三丈，不问青红皂白，就把郑侠的官儿罢了。

后来，宋神宗过世，太后掌了权，一帮权贵们把王安石拱下了台。王安石回到金陵的半山园当老百姓，眼望着新法被他们改掉，心疼得很，便经常一个人穿着布衣，骑头毛驴，在外面散心，回家来不是作诗，就是吃闷酒。

这天，家人来报：有位客人要见。一问姓名，是郑侠。王安石心里为难：这郑侠当年因为反对新法，被皇帝罢了官，断送了前程，一定把我王安石恨成一个洞。过去我在台上，一人之下，万人之上，郑侠就是恨我也没法可想。此刻，我也丢了乌纱帽，成为平民百姓，郑侠这趟来，还不是找我出出气的！再说，朝廷里那些权贵，挖空心思破坏新法，现在一个个做了大官，唯独倒霉的郑侠，一幅《流民图》就丢了官，人家心里这口气平不下去，也不能怪。"罢罢罢，我王安石为推行新法，受够了权贵的冤枉气，今儿再让郑侠出出气，又有何妨？！"王安石拿定主意，就出门迎客。

那郑侠一见王安石的面，二话没说，先一躬到底，毕恭毕敬地说："老荆公，听说你回半山园住了，小弟今天特意来看望你的。"

"不敢，不敢。"王安石把郑侠迎到小屋里，让座倒茶，心里想：你有什么牢骚就快发吧！果然，郑侠开口了："老荆公，还记得我那幅《流民图》吗？"

王安石连忙回答："记得，记得。害得你……"心里想：你就巷子里扛木头，直来直去吧！

郑侠笑道："我就为这幅《流民图》来向先生赔罪的！"

"赔罪？"王安石一愣，疑惑自己的耳朵是不是不听使唤，又问了一句：

"赔什么罪？"

郑侠就竹筒倒豆子，一五一十把话说了个痛快。原来，郑侠丢了官，在金陵跟老百姓早晚相处，亲如一家，百姓的甘苦，他比以往明白多了。日子一长，他亲眼看到王安石的新法果真减轻了百姓的负担，让不少百姓能安居乐业，国家也有了一点兴旺景象，才晓得他当年"为民伸张"的好心，正好替那些权贵富豪当了攻击王安石的炮子儿！为此，郑侠不但对王安石消了怨气，反而一肚子的不过意，总想找个机会来向王安石表白心意。此刻，郑侠诚心诚意地说："荆公，你的新法好啊！可恨的是，有些为官的不好好执行……"

"你……"王安石望着郑侠，愣了大半天。——他没想到郑侠是这样以民为重，不计个人恩怨！一时高兴得说不出一句话。

"快拿酒！"王安石含着泪，转身对老家人吩咐道。

老家人拿来酒，又端来几碟小菜，两个人就像几生几世未会的知心朋友，谈不完的话，越谈越兴浓，喝不完的酒，干了一杯又一杯……

王安石虽说酒量不小，这时也有些醉了，便也乘着酒兴，又满斟了一杯，举到郑侠面前道："请干此杯，酒逢知己千杯少嘛！"于是一饮而尽。郑侠看到王安石把他当成知己朋友，十分高兴。但他想到刚进门时自己的尴尬相，也端起酒杯满饮一杯，笑对道："荆公方才相见，正是：话不投机半句多啊！"两人大笑。

后来，"酒逢知己千杯少，话不投机半句多"这两句话就成了一副对联。

"和而弗争，谋之首也。"爱是最好的武器，它能化解世间的一切仇恨埋怨，换来人的真情。所以，我们为人处世，一定要对对方多施与爱，去感化他的心灵，人非草木，他一定会对你的感情有所回馈。

人就像一面镜子，总是在别人和自己之间寻找着平衡。人们在待人接物的时候，经常会看对方做出什么行为，然后再反馈给别人。这是人们的正常心理。所以，如果一个人能够爱别人，让人们感受到他的爱，别人自然也就会爱他。如果他经常尊敬别人，别人也一定尊敬他。这就像事物的交换，总是用一种感情和态度能够换来同样的感情和态度。因此，我们要想让别人爱我们，首先要学会爱别人。要想别人尊敬自己，首先要尊敬别人，这是相辅相成，不可分割的。以爱易爱，将会得到更多的爱，互尊互敬，将会得到更多的尊敬。

名不正而谤兴，正名者必自屈焉。

[译文]

没有适当的名义做事就会惹来非议，让名义归正就一定要委屈自己了。

[解读]

名义不当而招来的怨恨是许多人失败的诱因。名义尽管是虚幻的，有时却是最能掩人耳目的，它可以堵住众人之口，让自己的行为合理合法。历史上"尊王攘夷""挟天子以令诸侯"，都是这种"正名"而减少阻力的成功招法。它所起的作用是不可替代的。

当然，适当的名义取得，要以委屈自己，牺牲一点个人利益为前提，这既是正名的需要，也是化解众怨的应有代价。有识之士权衡利弊，乐此不疲，而无识之辈不识大体，只能归于他们的短视。

[案例]

刘备：讲仁爱失去地盘赢得人心

刘备是三国时期蜀汉政权的建立者，因为他具有仁义的美德，所以吸引了不少能人志士在他身旁，辅佐帮助他打天下。

三国未立之前，刘备的实力还很弱，没有多少地盘，只能栖身在新野那个小城里，看不出这样下去他会有多大的作为。

有一次，刘备到荆州去探望他的远亲刘表，军师诸葛亮、义弟关羽、张飞等人随行。见面后，靠在病榻上的刘表哀叹着对刘备说："贤弟！我现在年迈多病，做起事情来力不从心，所以希望贤弟你来帮我治理我的地方。我死之后，我的管辖地——荆州就归你了。"

坐在一旁的军师诸葛亮听到刘表的话后，被触动了心事。他早就想过了，主公刘备仁义爱民，怀抱天下之志，而今唯一尚待寻觅的，乃是一处可让他与百姓共安的栖居之所。也就是说，他要打开困苦的局面，首先要有自己的立足之处。此时，诸葛亮不禁兴奋地想："真是天上掉馅饼了。我们现在正苦于没有地盘，居然有人免费送来了。"

哪知道刘备却推辞说："这么重大的责任，我怎么敢担当啊！"

诸葛亮心里急了，连忙向刘备使眼色，让他承接下来。但是，刘备不以为然，仍然摇头说："我怎么能这样坐享其成？如此重大的事情，我们还是都考虑清楚再说吧。"

回到驿馆后，诸葛亮不解地问："主公！人家心甘情愿把地盘让给你，你为什么不要呢？"

刘备回答说："刘表他对我一向都很好，人家现在病重，才会说把荆州让给我。我如果要过来了，世人会说我乘人之危啊。"

诸葛亮听后，虽然无可奈何，但也感佩地想："哎！我的主公果然是一位仁慈的人啊。"

回到新野后，有一天，刘备焦急地问诸葛亮："军师，眼看曹操的大军就要来攻打我们了，我们该怎么办才好？"

诸葛亮思忖着说："我们新野这么个小城，要想抵挡强大的敌人是不可能的。待在这里不是长久之计。现在刘表的病情已经很重，不久必将撒手尘寰，倒不如我们趁此接纳荆州，取得那样辽阔的地区，就可以与曹操抗衡了。"

刘备听完后，低下头说："军师你分析得很有道理。但是，我这个时候去取荆州，就是做不符合仁义的事情。表亲病危，叫我如何忍心呀？"

诸葛亮尽管也为主公感到为难，但还是阐释着道理说："我们不取荆州，必将落入曹贼之手。到那时可就后悔莫及了！"

刘备思考了片刻，以坚定的语气说："那么，不义的就是曹操，我却不能不仁啊！"

诸葛亮再也不说什么了，只是仰天长叹了一声。

曹操的大军不久就攻打到新野来了。诸葛亮为如何谋求出路而焦虑，于是郑重地对刘备说："主公！看来我们还是得取道荆州，否则新野就会生灵涂炭啊！"

刘备沉吟着说："山不转水转。不如我们带着百姓一起到樊城去，先躲一躲吧。"

诸葛亮心里很明白，己方的军队势单力薄，还带着大群百姓逃亡，将很难避过曹军的锋芒。但事已至此，也只能维护刘备仁慈的举动了。于是，诸葛亮立即布置军民转移，让关羽、张飞等率军掩护百姓撤退。

果然，在刘备带领着大家转移的路上，拖儿带女的百姓们严重地拖累了军队的行军速度。刘备手下的诸位将军看到这种情形，都非常着急地对刘备说："拖带着大群平民百姓，使得我们的行军速度一天只能够走十多里路。这样下去，曹操的大军追杀过来，我们怎么抵挡？不如先放弃这些百姓，军队先到达目的地再说。"

刘备说："要想成就大事业的人，必须多为人民着想！这些老百姓一向都归顺于我，我现在怎么能够放弃他们不管呢！"

　　当随军的老百姓们听到刘备的话后，人们都感动得纷纷落泪。

　　"正名者必自屈焉。"新野一战，虽然刘备损失惨重，失去了地盘，但他赢得了人心——这就是他后来得以建立蜀国的根本。

惑不解而恨重，释惑者固自罪焉。

[译文]

　　疑惑不能解除仇恨就会加重，想消融疑惑的人一定要自我谴责了。

[解读]

　　自省自责是一般人不愿施行的，而议论人非，指责他人，却是许多人轻易就可做出的。在仇恨的双方，这样只会增添仇恨，使矛盾激化；与人相处，这样又会多生是非，种下无数的不和谐之果。能真正地认识自己，化解怨恨，人们就必须有自责的勇气，这是诚意的表现，也是开释仇怨的一把金钥匙。在一个真心悔改、自惭不已的人面前，铁石心肠的人也不会无动于衷的。同时，作为一种谋略，它既简单又实用，任何人都难以抗拒。

[案例]

郭子仪与李光弼：互相忍让，冰释前嫌

天宝十四年（公元 755 年）十一月，范阳节度使安禄山勾结史思明发动了武装叛乱，叛军直奔洛阳、长安。为了平息叛乱，唐玄宗提升郭子仪继任朔方节度使，统兵平乱。

这样一来，原与郭子仪平级的李光弼便成了郭子仪的部下。李光弼担心跟自己素来就有矛盾的郭子仪报复自己，曾经想要到别的节度使那里任职，但又没走成。而郭子仪想到两人平时的关系比较紧张，心里也感觉很不舒服。

正在这时，史思明又率叛军在黄河以北攻城略地，朝廷传旨命郭子仪分出一支人马，派遣骁勇的战将领兵前往河北平定叛乱。郭子仪得到圣旨后马上就想到了李光弼，他暗中寻思，李光弼能文能武，勇敢善战，众将中谁也比不上李光弼，他到河北作战最合适不过。但是，两人从前隔膜很深，这次派他前往，他会不会认为我是挟私怨而加以报复呢？

郭子仪思来想去，感到十分为难。但一想到安史叛军所到之处，烧杀抢掠，百姓备遭涂炭，国家危在旦夕，他深知自己不得不以大局为重，于是也顾不得他人的闲言碎语，也管不得李光弼是否会误解自己，毅然向朝廷推荐了李光弼。

李光弼听到这一消息，心中难过了好一阵。他想：叛军人数众多，杀气又正盛，而自己将要率领的兵马，数量远远不如叛军，这分明是郭子仪借刀杀人，诚心让我去送死吗？但是，朝廷的命令已经下达，他也容不得多想，只能毫无条件的服从。再说，讨平叛贼，安定社稷，本来就是自己从军入伍那一天立下的志愿。现在大敌当前，率兵杀敌是将军义不容辞的责任。

他转念一想，如果不是郭子仪的推荐，难道自己就不会主动请缨出征吗？这次出战河北，我应当是最合适的人选。这样一想，他的心里宽松多了。于是，毫不犹豫地接受了任命。

尽管如此，李光弼对郭子仪的心理还是揣摩不透，他不知道郭子仪会不会在自己正在前方浴血奋战之时，在后面给以掣肘。因此，他觉得有必要在临行前对郭子仪当面表明心迹，也听听他的口风。于是，策马向节度使府驰去。

李光弼来到郭子仪府门外，侍卫连忙通报给郭子仪，郭子仪听李光弼来访，连忙放下兵书，急步来到大门外，躬身迎接，并把他迎进大堂。李光弼拱了拱手，开门见山地说："我死固不足惜，男儿为国家战死疆场，是死得其所，毫无抱怨。希望郭将军能给我充分的指挥权，也不要在后面做手脚。今天，我来是想把我的妻子儿女托付给你，还望你不计前嫌，好生照顾他们……即便我九泉之下，也瞑目了……"

没等李光弼说完，郭子仪就起身离座，紧紧抱住李光弼，热泪盈眶地说"李将军，请不要讲了。以前的恩恩怨怨，我也有许多不对的地方。从现在起，一笔勾销。如今叛军猖獗，国家危急，百姓遭难，你我应该齐心协力，为国家扫除叛乱，以前的事再也不要提了。"

李光弼见郭子仪真情真意，也被感动了，正想回答几句，只见郭子仪又继续说道："本来这次我想亲自出师河北，但朝廷命我镇守朔方这块根据地，那么能与史思明抗衡的，就非将军莫属了。你尽管在前方杀敌，我在后方会全力支援你。你的家小我也会悉心照料，李将军完全可以抛去后顾之忧。现在我分一万精兵给你，明日早起为你送行。"

就这样，两个人冰释前嫌，李光弼安心出兵。不久，郭子仪也带兵赶到了河北。在两人的密切配合下，很快收复了黄河以北十七个郡。

私念不生，仇怨无结焉。

[译文]

自私的念头不产生，仇怨就不会结下了。

[解读]

自私自利的思想，是结下仇怨的一大成因，不深挖这个根源，只在表面上做文章，要想不犯错误和纠正错误都是不可想象的。损人利己之徒往往恃此爬上高位，又因此种下祸胎，为他日败亡埋下伏笔。一个人如果处处为自己着想，私字当先，他就无法不嫉恨别人的才能和成就了，随之而来的报复和责难既是无理之至，天理不容，人所共愤。一旦报应来时，他的下场是最凄惨的，也是自作自受的。

[案例]

门达：因私致罪被贬，最后死于广西

明英宗天顺年间，锦衣卫（明禁卫军名，本为侍卫仪队，后掌巡察缉捕）指挥门达（明英宗时宦官，宪宗时发配南州卫充军）专权，袁彬（以锦衣卫护驾北征）因曾在土木之变时护驾有功，深得英宗信赖，门达因而嫉妒。于是，暗中派人刺探袁彬的隐私，想找到把柄置

袁彬于死地。

当时有个叫杨暄的艺匠，善于制作倭漆（漆器物的一种方法，明时传入中国），因此外号叫杨倭漆，听说门达想陷害袁彬，非常气愤，写了二十条门达的罪状呈给英宗，并再三说明袁彬所受的冤屈。

英宗命门达传讯杨暄审问，杨暄见了门达，毫不惊慌，就好像事情根本不是他做的一样，对门达的问话，一律回答"不知道"，并且说："我是一名艺匠，没念过什么书，和大人您也从没有过节，怎会做出这种事。但大人若能屏退左右，我就将整个事件的实情禀告大人。"

两人独处后，杨暄告诉门达："其实这一切都是内阁李贤（明朝进士，常提拔后进）授意我做的，他要我呈给皇上一封奏书，至于内容写些什么我实在不知。如果大人在朝廷百官面前询问我，我愿意当众和李贤对质，李贤一定无法狡赖。"门达听了非常高兴，便以酒肉招待他。

第二天早朝时，英宗命有关大臣齐集午门。杨暄入殿后，门达对李贤说："这一切都是你的计谋，杨暄已从实招了。"

李贤正一头雾水时，杨暄便大声说："我死也就罢了，为什么要诬赖好人，我一个小百姓，怎么可能会见到内阁大臣呢，老天在上，这一切都是门达教我的。"

接着详细说明所呈奏皇上有关门达的二十多条罪状，门达当场张口结舌。

英宗虽未将门达治罪，但从此对门达疏远了许多。袁彬则被派往南都，一年后又奉旨回京，日后门达也因其他罪贬至广西，最后死于广西。

《对诏策》云："善恶生于公私。"意即"善事起于公心，恶事生于私心。"善恶两种态度是人们为人处事的选择，而善恶行为的根源则来自公私心。当人为他人着想时，那么他的目的就是让其他人甚至是天下人受益，他时刻都是在付出和给予，他的行为就自然公正坦荡，此谓善举。而当一个人只为自己考虑时，他完全只想得到，因而不会去考虑他人的感受，不择手段。所做的事情也自然都是卑鄙阴暗的，此谓之恶举。两种选择，前者带给人幸福，从而让自己也会感觉幸福，而后者带给别人苦恼，自己也无法快乐起来。私心是每个人都会有的，可是千万不要为了一己私心做出荒唐罪恶的事情。切记："私念不生，仇怨无结焉。"

宽不足以悦人，严堪补也。

[译文]

宽厚并不能讨好所有的人，严厉可以作为它的补充。

[解读]

消解仇怨的方法，并不是不讲原则，只知讨好别人便能奏效的。在这方面丧失立场，止无尽处，同样是对此学问的误解和僵化，是一定要澄清的。宽厚作为为人态度和治国方略，讲究的是以德服人，以德释怨，如果此法在一些人身上并不奏效，那就只能加诸严厉，使之乖乖就范。灵活多变、因人而异，其目的只在追求实效；手段多样，以变应变，才会掌握主动，得心应手。

[案例]

郑庄公：遇事能忍，出手能狠

郑庄公（公元前 757 年—公元前 701 年），郑武公之子，名寤生，春秋初年的郑国国君。在处理国内、国际斗争方面，郑庄公高超的政治策略，表现之一就是以宽厚为主，能忍则忍。当他的母亲姜氏与胞弟姬段串通一气，给他多方制造麻烦的时候，他能做到隐忍不发；姬段想占好的地方，他就把姬段分封到京地；姬段贪欲不足，大修城邑，图谋不轨，他也装出一副漫不经心的样子；姬段把西边和北边的城邑变成自己的私邑，力量不断扩大时，他内心波澜不惊，认为姬段这样做是自取灭亡。

郑庄公高超的政治策略，表现之二为出手能狠。郑庄公在胞弟"逼宫"问题上的隐忍，以及在周天子打击面前的退让，绝不是单纯的隐忍或退让，而是属于韬光养晦，后发制人。他在隐忍的同时，私底下一直在做充分的准备，以求一招制敌。可他的对手却把郑庄公的克制隐忍、宽厚退让认为是软弱可欺，于是乎步步进逼：姬段动员军队企图偷袭郑国国都，周天子大举起兵进犯郑国纵深之地。他们这种忘乎所以的举动，恰好为郑庄公痛下决心全面反击提供了绝佳机会，在有充分准备的前提下，郑庄公给予对手迎头痛击："克段于鄢"，一举端掉国内动乱的祸根；战于长葛，用新型的"鱼丽阵法"杀得周室联军人仰马翻，落花流水，连周桓王本人也中箭负伤。可见，不出手则罢，一旦出手就又准又狠，雷霆万钧，摧枯拉朽，给对手以毁灭性的打击。

几十年时间里，郑国从一个刚出生的小国，一跃成为当时的中原第一强国。郑庄公也因此被称为"春秋小霸"或"春秋初霸"，也正是因为他的审时度势，适可而止，遇事能忍，出手能狠，宽严相济，手段多样，以

变应变，掌握主动，得心应手的做法，适应了那个时代
的斗争形势，也成就了自己的霸业。

敬无助于劝善，诤堪教矣。

[译文]

恭敬对劝人改过没有帮助，诤谏就可以教导他了。

[解读]

在他人过错面前不加劝阻，一团和气，并不能使
双方交好，只能结下仇怨。事实上，完全恭敬别人，
无论好坏都要奉迎的人，实属小人行为，早晚都会被
人看穿而厌弃的。真正的朋友和正人君子直言指出别
人的过错，虽有让人误解和接受不了之时，但从长远
看，他们的真诚和善意终有大白之日，其时人感其情，
对之便会愈加敬重，永志不忘。苦口良药重在治患，
只要你真心对人，必有好的回报。

[案例]

伊尹：一个善于直谏的奴隶得到重用

夏朝最后一个王是夏桀，他是中国历史上有名的暴君。

商是黄河下游的一个部落，在首领的率领下，势力渐渐发展壮大起来，但苦于人才缺乏。这时，在商汤妻子带来的陪嫁奴隶中，有一个名叫伊尹的人，脱颖而出，走上了历史舞台。

伊尹原名伊挚，据说他的母亲有一次外出采桑时生下了他。因当时母亲住在伊水之滨，他便以"伊"为姓。伊挚自幼被卖与有莘国君主为奴隶。他聪明机敏，酷爱学习，知识渊博。因烧得一手好饭菜，得到有莘国君的赏识，便让他担任招待宾客的厨师，地位在一般奴仆之上。然而，伊尹对此并不满足，他怀有远大的志向，希望有朝一日能够成就一番轰轰烈烈的事业。于是，他借迎来送往、招待宾客之机，从宾客们口中了解天下大事。

当他了解到商的发展和商汤的种种"贤德仁义"举措及雄心壮志之后，在内心便对商十分向往，非常希望成为商的臣民，也好成就自己的一番大事业。

一次，商的左相因公事从有莘国过境，在有莘国逗留数日。伊尹借招待他的机会，多次与他接触。交谈中，左相发现伊尹是个难得的人才，不禁喜出望外。返回商国后，他便将伊尹的详情禀告了商汤。

不久，商与有莘国结亲。左相便趁机向有莘国提出让伊尹作为陪嫁的奴隶，得到了有莘国君同意。于是，伊尹便随着有莘国君的女儿陪嫁到商汤家中。初到商汤家中时，并未引起商汤注意，商汤听说他烹饪技术高超，便打发他到厨房干活。伊尹身为厨师，便乘机接近商汤，常常利用饭菜作比喻向商汤陈说自己的政治见解，先后达七十次，但商汤均不为之所动，而伊尹也并不灰心。

一天，伊尹故意将几样菜蔬或做得淡而无味，或做得咸不入口，一同献与商汤。商汤果然大为不满，立刻召伊尹前来问话。伊尹对商汤说："大王，烧菜既不能过咸，也不能太淡。过咸则难于下咽，太淡则无滋味。治理国家也是同样的道理啊！既不能操之过急，急则生乱；又不能松弛懈怠，懈怠必然导致国事荒疏。"

商汤点头称是。

伊尹停了一下，见商汤正聚精会神地听，便继续说道："如今，夏王桀荒淫无度，昏庸暴虐，民心尽失，天下纷乱，黎民百姓饱受其苦，恨之入骨。而大王您以仁德治国，伸张正义，取信于民，已是众望所归，为今天下唯一贤明的君主。大王应适时起兵，伐夏救国，拯救万民于水火之中，成就惊天动地的伟业。伊尹虽为卑下的奴仆，却早有追随大王之心，如大王不鄙视我，愿跟随大王全力效劳。"随后，伊尹详尽分析了天下大势，论述了消灭夏朝的具体步骤和策略。

商汤听得怦然心动，发现自己厨房中的奴隶竟是如此出色的人才，便当即发布命令，解除伊尹的奴隶身份，并任命他为"尹"，即右相，与左相一同辅佐朝政，共同筹划灭夏大计。从此人们便叫他伊尹。

此后，在伊尹的策划下，商汤大力推行德政，体恤百姓，发展生产，招兵买马，扩展势力，国力迅速增强。最终，推翻了夏王朝，建立了商朝。

一位统治者为了自己的目的，可以随心所欲的下达各种合理或者不合理的政令，而有些人却敢于挑战皇权，从礼法，从政治，从民心等角度，时刻劝导帝王利国利民，纠正他们的错误，辅佐他们成为明君。古人常说伴君如伴虎，若是遇到明君便罢了，若是遇到昏君，谏官随时可能因为弹劾丢掉性命，这方面的例子很多，看来这些诤谏之臣确是勇气可嘉的汉子！庆幸的是伊尹遇到的是明主，因为直谏得到重用。

心卷九

欲无止也，其心堪制。

[译文]

欲望是没有止境的，思想可以制伏他。

[解读]

正确的人生观主宰着人生的方向和命运，它是战胜人性弱点、克服心理障碍的灵丹妙药。人的欲望无穷无尽，如果任其泛滥膨胀，人类社会就毫无秩序可言，其个人也只能多行不法，自取灭亡。在思想上加强"止"的认识和修养是必要的，作为一种人生境界和哲学高度，"止"的层面深合世理，博大精深，韵

味无穷，是无数贤人能者所极力追求的目标，其益处
自不待言了。

[案例]

北魏胡太后：历史上最贪婪的女人被扔到水里淹死了

历史上最多欲求的女性，不是慈禧，她要的只是富
贵和权势；不是武则天，她要的只是天下；也不是赵飞
燕，她要的只是肉体之欢……而北魏的胡太后，她既有
文才，又贪武艺；既爱天下，又喜金钱；既信佛教，又
善权术；既贪图玩乐，又耽于情欲……想把好处都占全。

看多了两汉两晋的外戚把宫廷搞得鸡飞狗跳，所以
北魏开国君主定下规矩，立太子后，则杀太子的生母。
所以，嫔妃们都宁愿生公主，而不是太子。胡氏入宫后，
批评那些嫔妃："天子哪能没有儿子？你们怎能那么自
私，只顾个人生死而不顾国家前途。"她怀孕了，反而祷
告说："赐我儿子吧，让他当上太子吧，我万死不辞。"
在后宫的角力中，她的儿子活下来了，她也活下来了。
未发迹时，胡氏的铁心肠是英豪大略宽宏大量，从未将
儿女私情略萦心上；而独掌政权后，同一副心肠就成了
无情无耻凶残暴虐的代名词。

后来，太子当上皇帝，胡氏成了胡太后，她可以自
由地玩乐了。此姝武艺高强，射箭好，便多次举行射击

表演巡回赛；爱登山，便在嵩山祭神，顺便让夫人、九嫔、公主都参加攀岩比赛，还非得拿冠军。有了强大的国力支持，北魏成了南北朝时期的体育大国。

同时，胡太后还是文学女青年，亲自创作《杨白华》歌辞来怀念远走高飞的情人杨华，"……含情出户脚无力，拾得杨花泪沾臆。秋去春还双燕子，愿衔杨花入窠里。"让宫女们昼夜连臂环绕，踏足歌唱，忆念情人。然而，就是她的几位情人，酿下了数次宫廷政变的祸根。

最可笑的是，胡太后在亲生儿子十九岁的时候把他毒死了，强行立了新生一个月的孙子为帝；几天后，宣称刚立的皇帝是女孩，将其废掉，再立了一个三岁的小皇帝。也太儿戏了。你以为国家神器是任天堂游戏呀？玩不好就重来呀？

两个月后，胡太后和小皇帝被一个部落首领俘获，扔到水里淹死了。

天赋予人们的东西，如功名利禄等都是有一定的数量。人们从上天所接受的衣服、食物和器具，岂能超过限度？乐极则生悲，祸来则福去。

"欲无止也，其心堪制。"一个人若能在权高位重、物质充裕的情况下，仍能控制自己的欲望，忍住骄奢之心，不挥霍浪费，那么他就能将现状保持得更长久。如若不然，他必遭天谴人怨，不能寿终。

惑无尽也，其行乃解。

[译文]

疑惑是没有尽头的，践行就能解除它。

[解读]

人心充满多种疑惑，这是正常的，也是必须要解除的。疑惑不能自动消失，不身体力行，不勇于实践，就永远找不到正确的答案。在疑惑面前止步不前，畏惧无为的人，绝不是"止"的智慧的显现，在是非不清的前提下，任何思想都是茫然的，更不可能是正确无误的。践行难免存有错失，不践行的错失更大。"止"的含义全在停止错失，却不是停止人们为解除疑惑而付诸的实际努力。

[案例]

寇恂：用行动解除刘秀对他的疑心

西汉末年，绿林义军推翻王莽，建立了更始政权，但农民起义军内部矛盾却愈演愈烈。不久，刘秀在河北起兵，很快向南平定河内，然后将这个地区作为自己的根据地。当刘秀北伐时，接受了邓禹的建议，任命寇恂为河内太守。寇恂文武双全，他接任河内太守后，诚心诚意地帮助刘秀，他发动所有属县中的丁壮练兵习武，并伐竹造箭，养马备粮，将兵丁、武器、军粮源源不断地运往前方，有力地支援了刘秀的北伐，可以说，如果没有他的人力、物力支援，刘秀的北伐是很难取得成功的。

刘秀北伐而走，屯重兵于洛阳的更始政权大司马朱鲔开始蠢蠢欲动，他听说刘秀北伐而河内空虚，便派苏茂、贾疆二将率兵三万渡巩河攻打温县。寇恂没有作更多的考虑，完全出于军事需要，就一面发兵会于温县，一面欲亲自率兵至温县御敌。他的部下有许多颇有才能之人，他们劝他等众军毕集后再到温县，以免生出嫌疑，同时又可不使自己的功劳太大。寇恂不听劝阻，斥责部下说："温县是本郡的屏障。若温县失，则全郡亦不可守。这样，就会给刘秀的后方造成极大的损失。"随后就急速起兵赶往温县救援。在温县，寇恂与其他援军一起，大破苏茂、贾疆三万大军，保住了温县，保全了河内，为刘秀北伐的成功和称帝建立了大功。

温县取得大捷后，刘秀在高邑称帝。此后，他多次发出策书到河内，对寇恂表示慰问。寇恂身边有一个谋士叫董崇，他见到这种情况后，便对寇恂说："如今皇上刚刚即位，四方尚未平定，而您偏在此时拥有这样一个大郡，而且这个郡经过您的多年经营，内得人心，而您外破苏茂，威震四方。这是最容易遭人谗毁及大祸临头的时候。"

寇恂一愣，问道："你的意思是皇上对我不信任了？"

董崇反问道："您想想，为什么皇帝不去慰问别人，而是屡次三番地来慰问您呢？这难道不是对您不放心吗？"

寇恂听了他的这一番话，顿时心中一震，他觉得董崇分析的十分有道理，就急忙向他请教。董崇说："史书上这样记载说：楚、汉战争之始，汉王刘邦令丞相萧何留守关中，辅佐太子刘盈，治理郡县，征集军饷，自统大军东讨项羽。汉三年（公元前204年），楚、汉两军在荥阳(今河南荥阳东北)、成皋(今河南荥阳汜水镇)一线对峙，战争打的一发不可收。但汉王却接连派出数批使臣返回关中，专门慰问萧何。对此，萧何未加注意，而门客鲍生却找到萧何说：'现今，汉王领兵在外，终日风餐露宿，非常艰苦，在这种情况下，他还几次派人前来慰问丞相，这是对丞相产生了疑心。为避免生出祸端，丞相不如在亲族中挑选出年轻力壮的，让其押运粮草，前往荥阳从军。这样，汉王就不会有疑心了。'萧何便按计而行。刘邦听说丞相运来了军饷，并派亲族子弟前来从军，立即放下心来，传令亲自接见。当问到萧丞相近况时，萧家子弟齐道：'丞相托大王洪福，一切安好，但常念大王栉风沐雨，驰骋沙场，恨不得亲自相随，以分担陛下的劳苦。现特遣臣等前来从军，希望大王录用。'汉王非常高兴地说道：'丞相为国忘家，其忠诚可敬可嘉啊！'当即，召入部吏，将萧家子弟量才录用。从此，对萧何的疑虑也解除了。想当初，萧何为汉高祖镇守关中，听鲍生劝告而打消了高祖的疑心。如今您的处境与当年萧何相同，恐怕您当以前人之事为警戒啊。"寇恂听了，认为很有道理，便称病不再管理政事。

后来，光武帝刘秀将要攻打洛阳，路过河内，寇恂请求随军征讨。但最终他还是找了个托词没有去，却派自己的侄子寇张、外甥谷崇一起随刘秀出征，这样一来，刘秀对他怎么还会产生疑心呢？

面对猜疑一定要采取相应的行动来化解，否则任由猜疑发展，事态就会恶化，最后只能坐以待毙。而故事中的寇恂的做法值得我们学习和借鉴。

不求于人，其尊弗伤。

[译文]

不向他人求助，尊严就不能受到伤害。

[解读]

人的依赖思想和懒惰习性，往往使自己不思进取，把希望寄托在求助他人之上。长此以往，这样做不伤自尊，不遭碰壁是不可能的。俗话说，求人不如求己，一个人的尊严是建立在自食其力基础上的，如果他凡事不能自立自决，庸庸碌碌，他的亲人也会瞧不上眼，他人更会看不起他了。求人实难，从心里打消求人的念头才能自励自奋，成就大事。

[案例]

李仲谦：宁可不做官，也不愿自己的人品受到怀疑

元世祖至元年间，李仲谦由嘉兴路的一个小官，调往浙西按察司主管文书。李仲谦为人廉洁耿直，精明能干，工作能力非常优秀。因对拉关系走门路的行为深恶痛绝，所以他从不去上司那里套近乎，每天从官府办完事回到家里，便把门一关，就孜孜不倦地钻研学问。由于他官小俸微，还要来养活父母兄弟和他自己的妻子儿女，因此经济非常紧张。为了缓解生活压力，他就让他的妻子日夜不停地纺织布匹，拿到市面上去卖，所赚银钱用来贴补家用。

李仲谦只有一件布衫，因为平时要穿着去官府办公，需要洗涤或是缝补，就得等到官府放假休息的时候。若这时候有客人来访，他就不得不让他儿子出来向人家道歉说："实在对不起呀，我父亲正在家收拾衣服，不能出来见您，请您多多包涵。"

按察使雷彦正有一次和他开玩笑地说："你外边穿个普通布衫，是不是因为里面藏着珍珠？"李仲谦听了并不回答，只是走到案边写了封辞呈，便转身走了。雷彦正非常后悔自己胡乱说话，亲自到李仲谦家中去向他赔礼道歉，请他重新出来办事，但李仲谦始终没有答应。

雷彦正调走后，又来了一个按察使，新按察使听说了事情的原委，又亲自去请李仲谦，李仲谦这才出来办事，后来他官至行台御史。

做人重在人品，为官重在官德。人品以笃厚为优，官德以器度为首。玩弄权术的人会损害忠诚，热衷功利的人会损害正道，追求虚名的人会败坏心术。如果一个人心地正派，那么他对权势也会看得很轻，这样的人工作起来是为尽职尽责，而不是为了达到某种目的，所以这样的人也就更容易受到敬重而被重用。

像李仲谦这样心志端正的为官者，对自己的要求非常严格，宁可不做官，也不愿自己的人品受到怀疑，而这样的人不但尊严不会受到伤害，也终究会因其品行得到上司的认可。

无嗜之病，其身靡失。

[译文]

没有特殊爱好的毛病，自身就不会迷失。

[解读]

人的嗜好一旦形成，很难改变。为了满足这种心性使然的习惯，许多人不由自主地犯下种种错误，也令他人有了可乘之机，借此巧加利用。一个人的嗜好反映了他的情趣归属，而不良嗜好却常把人导向堕落，这是不能不提高警惕的。一些人正是轻视了此节，不以为然，结果渐渐被其腐蚀了心志，整个人都彻底地改变。人一旦有了不好的苗头，及早根除，心魔便不会坐大，也不能伤身为害了。

[案例]

齐景公：喜欢看女人身着男装，装扮成男人的模样

楚王喜欢细腰的女人，因此就有许多宫女饿死；吴王喜欢剑客，所以百姓为此而习剑以致身留创伤。

心中明白嗜好会带来过失，却不戒除掉；明明看到对己有益的东西，也不愿努力学习，结果玩物丧志，自甘堕落，这是人类的通病。

春秋时期，齐国君主齐灵公有个怪癖好，喜欢看女人身着男装，装扮成男人的模样。后宫的女人为了讨好齐灵公，纷纷改穿男装。尽管大臣们都对此事颇有微词，可是这到底是君主的私事，若仅限于后宫，众人便不好说什么。

但是，这股风气慢慢地流传到了民间。一时间，全国上下的女人都穿起了男式服装，走在街上都会让外国游人以为自己到了"男儿国"。

这当然为礼数所不允许！因为在传统观念当中，服装是礼教的一部分，服装混乱了，事实上就会让国民漠视礼教宣扬的道德标准。这已不再属于齐灵公的家务事了。于是，众大臣忙纷纷上书，劝齐灵公想方设法制止这种混乱的风气继续在齐国蔓延。

齐灵公当然明白这件事不仅是礼数的混乱，自己的国家也因此而受到邻国的鄙视，这是令他最不能容忍的。于是，齐灵公便颁布命令：从今以后，凡是在宫外发现有女人穿男式衣服的，当众撕破她的衣服，扯断她的佩带。命令一经颁布，各级官吏十分欢迎，积极并且相当严格地执行着君主的最高指示。可是，过了一段时间之后，官吏们发现，风气不但未被制止，反而大有越来越猛之势。

消息传到齐灵公那里，他着急了。如今自己下了禁令，居然无法约束自己国家的妇女，让他这一国之君的颜面何在！

齐灵公不知如何是好，于是只得向晏子求教。晏子笑了笑说："大王，这件事其实解决起来也很简单。只需找到问题的根源，要消除女扮男装之风就容易了。"

齐灵公忙问道："根源在何处？请先生赐教！"

晏子指了指齐灵公说："根源就在大王您自己身上啊！"

"本王身上？不是都已经颁布禁令了吗？问题怎么还会出在本王身上呢？"齐灵公怒道。

晏子忙鞠了一躬说："大王恕罪，可是问题的确出在大王身上。不知大王是否听说过一句话，叫做'上梁不正下梁歪'。对于百姓而言，大王、后宫便是上梁，如今您宫中的三千佳丽皆是男装打扮，您又怎么能够禁止得了百姓们的穿着呢？全国妇女如今早已习惯男装的舒适方便，让她们马上都更换过来，毕竟不易。若您只针对他们实行禁令，却对后宫不管，试问百姓如何服气？百姓不服，不仅有损大王的威严，更可能激起民愤。如今要消除女扮男装之风气，就需要先把'上梁'扶正，如此一来，'下梁'自然也就正了。"

齐灵公顿悟，再次下了一道禁令：从今以后，宫中妇女同样禁止穿男式服装，违者重罚。由于宫内宫外的禁令同时实施，这种女扮男装的风气便很快就在全国消失了。

一个人只要本心清净，不执着于外物浸染，虽处于利欲狂流的境界中，亦能洁净自身，自得其乐，犹居于清幽静寂的仙境中。但若心中有所迷恋，有所执着，即使人间仙境，亦成苦海。

"无嗜之病，其身靡失。"《尚书》中说："玩物丧志，不作无害有益。"人其实心中相当明白什么爱好对自己有利，什么爱好对自己无益，却总是戒不掉会给自身带来过失的嗜好，也不愿努力去学习对己有益的东西，结果自毁前程。这是多么令人痛惜的事啊！

自弃者人莫救也。

[译文]

自我放弃的人，人们无法拯救他。

[解读]

决定一个人的生死成败，归根结底还在于他个人的心志和自我努力。内因是外因无法替代的，任何好的条件和好的建言，只有为其接受与善加利用，才能起到好的作用，否则有也会归于无。强化个人内在的修养和磨练身心，是自救的根本出路，在此得过且过，随意任性，便会取舍失当，进退无由，在错误的道路上越走越远，直至彻底毁灭。

[案例]

文若虚：一朝被蛇咬，三年怕草索

明成化年间，苏州有个名叫文若虚的生意人，做什么生意都亏本。人家就给他起了个绰号叫"倒运汉"。这一年他又是做生意亏本，穷得实在没有办法了，于是就拿着朋友送他的一两银子，买了几篓太湖橘子，打算随着商船去航海散心，看看海外的风光。这种橘子叫洞庭湖，他是准备带在路上吃的。海船在蔚蓝色的大海中随风飘去，文若虚的心情也得到了一丝平静。

这一天，船到了一个国家，商人们都上岸拿着自己的货物和当地居民交易去了。文若虚突然想起自己带的那篓橘子：也不知道坏了没有？他搬出来，摆在船上吹风。那橘子红艳艳的，就像万点红光，满天的星斗，煞是好看。岸上行走的人，都围过来看，有人问道："这是什么好东西啊，这样好看？"文若虚拿起一个橘子掐破就吃，而且吃得津津有味。围观的人惊笑道："噢，原来是吃的啊。"又有人说："这么好看的东西，吃起来味道一定也不错。"说着有个好事的人便过来问道：
"多少钱一个？"文若虚也不懂他们的语言，心想一定
是在问价钱了，就伸出一个手指。那人就拿出一个银钱
买了一个。闻闻扑鼻的香，忍不住剥了皮，也不分瓣，
也不吐核，一口塞进嘴里，甘甜的橘汁填满了喉咙。便
哈哈大笑："太美妙了，简直是人间极品啊！"说完又
摸出十几个银钱，说是买十个献给皇帝。旁人看了，都
纷纷掏钱买来尝尝。一会工夫就买去了一大半。

　　文若虚看剩下的橘子不多，又那么受欢迎，就伸出
两个手指，意思是要涨价了，每个橘子两个银钱。正在
此时，第一个买橘子的人骑着高头大马，飞奔而来，大喊
道："别零卖了，国王说了他都要了。"说着连篓带橘
子都拿走了。文若虚数了数钱，这一篓橘子竟然卖了有
一千多个银钱，约合百两银。没想到竟是一本万利的买
卖。其他商人都回来了。听说了这件事，都说："人们
都叫他倒运汉，而今是转运汉了。"并劝他继续干，一
定能发大财。文若虚想："我那么倒运，每次都是赔得
精光，血本无归。现在刚刚侥幸赚了一点，还妄想什么？
万一和从前一样再亏了，哪里还有'洞庭湖'来卖啊！"

　　我们要记住：在我们的人生中，通往幸福和成功的
只有光明大道，没有快捷的路径可走！

　　文中人物文若虚因为以前做生意屡次失败，便对自

己的能力丧失了信心。即使是有了发财的好机会，并亲身尝试了，也不敢继续去做，生怕会再亏本。

在生活中，也有像文若虚这样的人，他们因为一次或者几次失败，就对自己丧失了信心，自暴自弃。自我放弃的人，人们无法拯救他。这样的人认为自己什么都不成，即使有好机会，也不去把握，宁愿失败一生。

事实上，一个人想取得成功是要付出巨大的努力的。任何一个成功人士的生活历程都不可能是一帆风顺的，都会遇到困难和挫折。他们之所以能够最终获得成功，就是因为他们不服输，对自己有信心，从哪里摔倒就从哪里爬起来。

苦乐无形，成于心焉。

[译文]

苦与乐没有一定的形态，它的形成取决于人们的思想。

[解读]

对苦乐的认知与定位，直接决定着人的情感变化和处事之法。人的看法不同，苦乐的界定就大相径庭了。世俗小人以私利的得失为评判标准，他们患得患失，只要个人利益得不到满足，他们便视之为苦。而君子与之相反，他们往往能从道德和公义出发，不计个人毁誉，他们眼中的乐事却是小人所不愿的。立足长远的人，其见识总是超脱世俗的，事事为自己谋利的人无法成就大事，所获得的好处反而有限。

［案例］

苏东坡：在诙谐的谈笑中，发泄自己心中的不平怨气

苏东坡，北宋时期著名文学家。他不仅才华横溢，而且为人正直，敢于批评时政的弊病，因而使人侧目，不喜欢他的人总找他的岔子整治他。

有一次，御史台的官僚们拿苏东坡的诗作依据，断章取义，无限上纲地分析，硬说他讽刺朝廷，诬蔑皇上，把他从湖州刺史任上抓来，关在大牢里，几乎杀头。经他的弟弟子由和许多好友大力营救，才保住了性命，贬到黄州受管治。迫害并没有到此结束，以后他继续受到多次打击，新账旧账一起算，越算越多，被贬谪去的地方也越来越远。最后，竟贬到荒僻遥远的海南岛。长期的磨难使他认识到中央政府里派系复杂、斗争激烈的严酷现实。他在著名的《水调歌头》一词里，曾很有深意地慨叹："我欲乘风归去，又恐琼楼玉宇，高处不胜寒。"以后人们常用"高处不胜寒"来形容高层政界里的不易立足。苏东坡敢怒不敢言，便常常以嬉笑诙谐的形式，来曲折地发泄心中的不平之气。

　　还有一次，大家请他讲故事，他当场编了一个新奇故事，说得大家前仰后合。他说："昨夜，我做了一个梦，梦见两个峨冠博带的人找我，说海龙王请我去吃饭。我也确实很久没有吃饱饭了，听说请吃饭，心中很高兴，便冲涛踏浪，跟着他俩到了龙王的水晶宫。水晶宫里琼楼玉宇，百宝纷呈。龙王带一大群臣僚，还有妃嫔出来迎接我。他们说了许多称赞我的话。满桌的山珍海味，身边一个美人专给我斟酒。那美人身材窈窕，肤色白嫩，双目像太液池里的秋波，一闪一闪地瞅着我，身上散发着香气，使我神魂颠倒。正在这时，龙王让我为今日之幸会题诗。我当即援笔挥就，盛赞龙王功德和水晶宫里的豪华，并颂扬君臣的才学与妃嫔们的艳美。龙王高兴极了，夸奖我的文笔，给我赏赐了大量的珍宝。正在我得意的时候，忽然一个丞相模样的大臣，低声告诉龙王，说我写的诗里有讥讽大王的语气。龙王一听大怒，吩咐虾兵蟹将将我赶了出来。我一看这位相公，原来是王八变的。唉！我苏东坡处处受王八相公的算计呀！"

　　苏东坡就是这样，在诙谐的谈笑中，曲折不露地发

泄自己心中的不平和怨气，忍耐艰难的遭遇，坚定自己
的信心，什么样的环境也淹没不了他的智慧和才华。

"苦乐无形，成于心焉。"人们的思想不同，看待
问题的结果也有差异。困境既然无处不在，如果换个思
维，把它视为乐事而从容待之，自会少却许多烦恼了。
这不是自我欺骗和麻醉，而是处世哲学中的一大实用方
法，也是人生智慧中的闪光之处。只有蔑视和超脱困境
的人，才可能真正摆脱困境的束缚，不为困境所困。这
种思维的转变，是以不局限于困境为前提的，停止对困
境的责难和厌弃，人们才能看清困境的本来面目，找到
突破口。

荣辱存异，贤者同焉。

[译文]

荣与辱存有差异，贤明的人却同等对待它们。

[解读]

自古能真正做到宠辱不惊的人，必有广阔的胸襟
和高度的智慧。他们不为荣辱所左右，行止才不会失

常失态。凡事才能做出正确的判断和应对。其实，荣辱不仅是暂时的，也是相对的，若是一味好荣厌辱，将之完全对立起来，反应激烈，人在心绪大乱之下，就难保冷静从事了，其结果都不免出现偏差。从思想上淡化荣辱观念，是"止"学的精髓，它可让人放下功利主义，真正领略人生的自由境界。

[案例]
卢承庆：对宠辱不惊的运粮官大为赞叹

《唐书·卢承庆传》记载了这样一个故事：卢承庆在唐太宗时期，曾任考功员外郎，是专管官吏考评的，归属吏部。他对考功工作公正、负责。一次有一个负责运粮的官员，由于发生粮船沉没事件，受过处罚。卢承庆在给他进行考绩时，便给他评定为"中下"。那位官员得知后，既没有提出意见，也没有任何疑惧的表情。卢承庆继而一想："粮船沉没，不是他个人的责任，也不是他个人力量所能挽救的，评为'中下'恐怕不合适。"决定改评为"中中"。那位官员依然没有发表意见，既不说一句虚伪客套的感谢话，也没有什么激动的神色。卢承庆见他如此这般，非常称赞，脱口便道："好，宠辱不惊，难得难得！"当即又把他的功绩改为"中上"等级。从此，"宠辱不惊"这个成语便广为流传。

世人都喜欢得遇荣宠，而厌恶蒙受屈辱，然而这些都是个人的命运和际遇，并非人力所能强为。"荣辱存异，贤者同焉。"对于得失荣辱黜升罢黜均淡然处之，没有一丝一毫的固执与障碍，相信这样的人生必然悠闲旷达、恬淡自甘。

"宠辱不惊"，一个质量和纯度都很高的人生品质，很多人穷其一生都无法企及的高度。平平静静的四个字，包含了多少海底波涛的宁静，多少峰顶云高的淡泊。

"不以物喜，不以己悲"，宠辱不惊，顺其自然是人生的至高境界。有了这种境界，人会更宽容豁达，也会活得更轻松快乐。

心系荣辱，就会为俗务所困扰；抛开荣辱，才能宠辱不惊。

事之未济，志之非达，心无怨而忧患弗加矣。

[译文]

事情没有成功，志向不能达到，思想上没有抱怨就不会增加人的忧虑和祸患了。

[解读]

失败并不可怕，可怕的还是由此心灰意冷，怨天尤人。意志的崩溃无助于解脱危难，恰恰相反，它只能让人雪上加霜，方寸大乱，从而使忧患加剧，惹来更多的麻烦。人在不如意之时最需停止抱怨，保持良好的心态，这时若坚持不住，成功就注定与你无缘了。

[案例]

范纯仁：所有的痛苦都在宽宏忍耐中得到淡化

范纯仁是北宋名臣，也是爱国名臣范仲淹的儿子。宋神宗时，他在庆州任知州时，不待朝廷批准，便在饥荒之年开仓放粮，赈济灾区，结果遭到了朝廷的审查。

朝廷派来的使者多次质问范纯仁，态度十分严厉，范纯仁每次都坚持说："当时灾情紧急，容不得请示朝廷，有什么罪名，我一个人承担便是。"

范纯仁的一位下属，见他多次受辱，就对他说："大人为了救助百姓而使自己蒙难，我是特别敬佩的。但属下认为，朝廷使者素爱钱财，为了过关，大人何不破费一些呢？"

范纯仁听见下属让他行贿，顿时火往上蹿，他怒斥道："为了百姓，我受这点屈辱算得了什么？可恨你不识我心，竟想让我贿赂使者，这是陷我于不义啊！"

范纯仁坚决不向任何使者求助，很快，百姓都知道了这件事，皆感慨地说："范大人救活了我们，我们怎么能连累范大人呢？"

于是，百姓就想方设法把粮食偿还给了范纯仁，又齐聚衙门前为他求情，范纯仁这才洗清了罪名。

这件事让范纯仁十分感动，他说："我为百姓做了一点善事，百姓竟是倾尽全力来救我，我纵是死了也是值得的，何况一点屈辱呢？"

宋哲宗时，范纯仁任给事中之职。一次，他听说以前的政敌种古境况十分不好，当时就心生不安了，他对家人们说："种古因诬告我而丢官，虽是罪有应得，但种古还是很有才能的，我们不能不给他机会啊，我要向皇上举荐他。"

家人埋怨他说："种古令你受辱蒙羞，我们也和你一同受罪，难道你都忘了吗？你不报复他已是大仁大义了，还要帮他，你是不是老糊涂了？"

范纯仁安慰家人道："我养德向善，怎么能怨恨种古一生呢？我受辱是一时的，经过那件事，反让朝廷器重我了，我没有理由再恨种古了。"

经过范纯仁的强力推荐，种古很快又被朝廷起用，他感到十分惭愧，就向范纯仁谢罪说："我从前和大人为敌，不想大人今日以德报怨，种古必当痛改前非，以谢大人。"

元祐初年，吏部尚书一职空缺，哲宗命大臣提出合适的人选。这时，一位大臣毫不犹豫提出了范纯仁，哲宗问他理由，他说："吏部尚书一职主管官吏的选拔和考核，非常重要。臣以为范纯仁公正无私，实是最佳的人选。"

哲宗没有点头，他说："你的理由并不充分，范纯仁资历尚浅，朕对他并不看好。"

大臣于是说出了范纯仁荐举种古的事情，接着又说："范纯仁曾受种古诬告，他却不计前嫌，强烈推荐朝廷起用他，这种心胸是平常人所少有的。范纯仁举荐种古，完全是抛弃了私怨，一心为国选才，这种胸襟更是罕见了。另外，也是最难得的是，范纯仁屡受屈辱，却从不抱怨，而且他的人品和人格也丝毫没有改变，可见他立场坚定，绝不是见异思迁的小人可以与之相提并论的。陛下若能任用他，当是大宋之福啊。"

哲宗听完，心潮一阵涌动，感叹道："范纯仁的事，朕知道得太少了，这实在是朕的过失了。范纯仁不愧是忠臣之后，朕以后要多多倚重他才是。"然后，哲宗遂任命范纯仁为吏部尚书，百官没有一人提出异议。

范纯仁的故事告诉我们，宽容和忍耐是幸福之门的钥匙，是走出黑暗的明灯，忍耐使困难变得容易，使意志变得坚强。

每个人在人生的旅途上，都要受到命运之神的捉弄。当你不甘心做命运的奴仆而又未能扼住命运的咽喉之时，必须学会忍耐，让所有的痛苦都在忍耐中得到淡化，所有的眼泪都在忍耐中化作轻烟。忍耐并不是逆来顺受，甘心屈服于命运之神的诱惑与调遣。生活的沧桑使生命的深渊埋下难言的隐痛，但"心无怨则忧患弗加矣。"忍耐却可以使人相信，隐痛必将消失，暴风雨过后的天空会更加美丽。

仁者好礼，不欺其心也。

[译文]

仁德的人喜好礼仪，是不愿欺骗自己的思想。

[解读]

仁德的人遵礼守节，却往往为此吃亏上当，蒙受损失。这种现象许多人抱怨不休，而仁德的人却不因此有所改变。好人难做，方能显出好人的可贵，而好人的信念是不能因得失轻易动摇的。不欺骗自己的思想，有时是件很难的事，人会有各种理由和借口让自己口不对心，言不由衷。这样做平常人习以为常，不以为患，而在仁德的人看来，这却是最大的缺失，是一定要禁止的。

[案例]

赵叔平：用黑豆、白豆鞭策自己好好修身养性

北宋时期的赵叔平是一位克己修身的典范，流传于世间的"数豆正心"的故事正是他慎独的真实写照。

赵叔平与欧阳修是挚友，他自小学习勤勉，才学过人，于天圣年间一举考中进士，入朝为官。他十分注重道德修养，一生品性高洁，乐善好施，以善念为宝，深受世人好评。后来他与欧阳修因不满朝政，不愿攀附权贵，双双辞官归隐，而得到"清风明月两闲人"之名句。

赵叔平认为，人生在世最重要的是要有善念，多做善事，绝不能心生恶念，与人为恶。可是善恶往往在一念之间，想做善事不难，难的是一辈子做善事，不做恶事。这对人的意志力无疑是极大的挑战。因此，赵叔平十分注重锤炼自己的意念，正心克己，力图不断清除私心杂念，使善心永远战胜恶意。

为了检验自己的善恶之心，赵叔平曾经找来三个器物，其中一个器物用来装黑豆，放在另一边的一个用来装白豆，中间的器物空着。头脑中每萌生一个善念，他就取一颗白豆投入中间的容器中，若有一点儿私念或恶意，就取一颗黑豆投入中间的容器中。到了晚上，他把容器中的白豆和黑豆倒出来数一数，用以检验自己一天中的善念和私心杂念各有多少。

第一天过去了，赵叔平数了数容器中的白豆和黑豆，结果是黑豆多而白豆少。显然，这表明自己的道德修养远远不够。他暗自决心继续修炼，克制。

第二天，赵叔平又数了数白豆和黑豆，仍然是黑豆多而白豆少，但和第一天比起来，黑豆少了一个，白豆增加了一个。

第三天，仍然是黑豆多白豆少，但和第二天比起来，黑豆又少了一个，白豆又增加了一个。

过了一段时间，白豆和黑豆一样多了。

又过了一段时间，白豆多而黑豆少了。

就这样，时间一天天过去，赵叔平一天天用黑豆、白豆鞭策自己好好修身养性。终于有一天，容器中只有白豆而无黑豆了，这意味着赵叔平心中只有善意而无私心杂念了。

赵叔平就是以这样的方法克己正心，自我监督，终于德学双修，成为一个胸怀坦荡、与人为善，而自觉摒弃无数恶意私念的正直之人。其高尚的德行、自我约束的品格为时人所赞颂、推崇，也为后人所学习借鉴。

赵叔平无疑是克己正身的典范，他以黑豆、白豆作为自我反省的标志，充分体现出道德修养的自觉性和主动性。

仁德的人喜好礼仪，不愿欺骗自己。一个有道德的人在独自一人、无人监督时，总是小心谨慎地不做任何不道德的事。坚持慎独，在"隐"和"圣"上下功夫，即有人在场和无人在场都是一个样，不允许有任何邪恶的念头萌发，才能防微杜渐，使自己的道德品质高尚。

智者示愚，不显其心哉。

[译文]

有智慧的人显现愚钝，是不想暴露他的思想。

[解读]

在错综复杂的人际社会里，不卖弄自己的聪明，不轻易展露自己的思想，是保身立命的重要准则。聪明有时是惹祸的根源，直率也常常是授人以柄的缺憾，不失警戒之心终是必要的。故意显示愚钝和愚蠢截然不同，它是一种智慧的显现，是智慧层次上的高级阶段。它看似智慧的一次倒退，实际上却是智慧的一次飞跃，不是大智慧者不但难以想象，更难以做到了。

[案例]

李勣：藏巧于拙，朝野推重

唐初重臣李勣，本是李密的部下。而在当初起兵时，李密与李渊父子之间，是钩心斗角的两派，只是李密后来被王世充打败，他才随故主投于李渊父子的麾下。此时天下大势已趋明朗，李勣懂得只有取得李渊父子的绝对信任才有前途。于是，他安排了这样的行动：把他"东至于海，南至于江，西至汝州，北至魏郡"所据的郡县地理人口图派人送到关中，当着李渊的面献给李密。说既然李密已决心投降，那我所据有的土地人口就应随主人归降，由主人献出去，否则自献就是自为己功、以邀富贵而属"利主之败"的不道德行为。李渊在一旁听了，十分的感慨，认为李勣能如此尽忠故主，必是一个忠臣。

李勣效归唐后，很快得到了李渊的重用，但是李密降后心怀怨恨，不久竟又反唐了，事未果而"伏诛"。按理说，一般的人到了这个时候，避嫌犹恐过晚，但李勣却公然上书，奏请由他去收葬李密。表面看这似乎有碍于唐天子的面子，是李勣的一种愚忠，实际李勣早已料到这一举动将收到以前献土地人口同样的神效。果然"朝野义之"，公推他是仁至义尽的君子。从此，李勣更得朝野推重，恩及三世。

李勣采取的是一种"负负得正"的心理效应，迎合了人们一般不信任直接对己的甜言蜜语，而相信一个人与他人相处时表现出来的品质，即侧面观察的结果。尤其是迎合了人们一般普遍地喜爱那脱离于常人最易表现的忘恩负义、趋吉避凶、奸诈妄为的人性弱点，表现出来的是具有丈夫气概的认同心理，看似直接，实则大有深意，是"智者示愚""藏巧于拙"成功处世的典型。

有一句名言：取象于钱，外圆内方。古钱币的圆形方孔，大家都是知道的。为人处事，就要像钱币一样，"边缘"要圆活，要能随机而变，但"内心"要守得住，有自己的目的和原则。处世不必与俗同，亦不宜与俗异，做事不必令人喜，亦不可令人憎，这样既可以保全气节，也可以保护自己。

修身卷十

服人者德也。

[译文]

让人信服的是一个人的品行。

[解读]

品行的影响力，是强权和势力无法做到的。强权和势力可以使人暂时屈服，但不会让人心悦诚服，而这正是最大的隐患。一个人的失败可以有多种原因，如果他品行不失，就终有成功的转机。一个人的成功能找出许多理由，如果他品行不端，就不会善始善终。人们只有在心甘情愿的情况下，才能真正地尽心尽力，永不背叛，而品行不端的人无恩无义自难使人为他效命了。

[案例]
王安石：被当时的百姓誉为"三不爱官员"

北宋是一个重文轻武的朝代，文官的地位很高。在当时的京城开封，许多国家公务员追求享乐和奢侈的生活，娶小老婆的国家公务员比比皆是，有的人甚至娶了好几个小老婆。在这样的社会风气下，王安石在开封做了宰相，权势很大，他主持变法，意志坚定，尽管因为变法而树了不少政敌，但是在王安石的生活问题上，没有一个人说出一个"不"字。王安石终身没有娶一个小老婆，甚至别人给他娶好了小老婆，他也坚决不接受，而是和原配相守相伴，这实在是难能可贵的。

王安石身为北宋的高级官员，日理万机，非常劳累。有一天，他下班回到家，一走进书房，不禁愣住了，只见里面坐着一个年轻貌美的女子，她身穿漂亮的衣服，妩媚窈窕，姿色动人，含羞地看着王安石。王安石感到惊诧，忙问她是谁，为什么打扮得漂漂亮亮到他的书房里来。女子告诉王安石，她家里蒙受了不白之冤，被人诬告，家里人被押进大牢，需要拿钱赎人。可是，家产全部查抄后还差很多钱。法官告诉她，只要能交钱，她的家里人就可以全部获释，如果没有钱，她的家里人就要被判刑。女子说，她没有地方去筹措钱款，万般无奈，才自卖自身，被领进了这个大院。说到伤心处，女子忍不住掉下了伤心的泪水。王安石听完哭诉，立即命人将她送回家，并且为她主持了公道。

王安石一生只有一个妻子吴夫人，他不娶小老婆完全是出于自律，是一种自觉的行为。因此，王安石没有任何绯闻。

王安石除了不爱色之外，还不爱官、不爱财，被当时的百姓誉为"三不爱官员"。

"服人者德也。"道德自古以来就是中华民族做人的根本。在中国传统道德文化的理念中，"仁、义、礼、智、信"这"五常"涵盖了国人理想的人格精神，成为中国价值体系中的核心因素。国家和道德，这两者构成了中国人传统精神崇尚的最高级形态，也是每个人为之奋斗的最高境界。

德之不修，其才必曲，其人非善矣。

[译文]

品行不培养，人的才能就会用于偏邪，他的下场便不是善终了。

[解读]

有才无德的人对他人的威胁最大，他们所造成的祸事也是最烈的。没有了道德的约束，一个人的才能即使再大，也是不可依靠和信任的。那种重才不重德的人，不仅会迷失方向，更会成为他人的工具。才能不能代替品行，品行的增长有助于才能的提高，亦能规范才能的施展空间。自古无有善果的人，多不是他们无才所造成的，由此可见，无德才是人之大患。

[案例]

子玉：德不称位，被迫自杀

《左传》记载，公元前633年，楚成王准备围攻宋都，他一面派人加紧练兵，一面召集诸侯商讨伐宋良策。

楚军统帅子文奉命阅兵于蒍邑。他爱兵如子，只用了一早晨就阅兵完毕，没有处罚一人。不久，子文又推荐子玉代替自己。子玉奉命到蒍邑阅兵，整整检阅了一天才结束。他对士兵要求严格，甚至有些粗暴，一天下来鞭打了七人，还用箭贯穿了三个士兵的耳朵。国中老臣认为子文知人善任，祝贺他举荐子玉有功，子文也为自己慧眼识珠，主动让贤而高兴，并向子玉敬酒。

蒍邑的士兵们本来对子文举荐子玉为令尹颇有微词，现在又见子玉对蒍邑的子弟兵苛刻而粗暴，更加不满，纷纷在背后议论。而楚国贵族在军队出发前为子文举办了盛大的宴会庆贺。

蒍邑有个聪明的少年叫蒍贾，他听了蒍邑父老对子玉的议论后，心里对子玉便有恶感。他见子文正与几个老臣说得高兴，就满不在乎地走向前去，并不向子文道贺。

子文很奇怪，就故意逗他，说："人们都夸你是个聪明孩子，今天遇上阅兵大典，你怎么不早点来祝贺呢？"

蒍贾乘机说："我不知道究竟要祝贺什么？您把国政交给子玉，美其名曰安定国家。然而，国内可能安定，在国外却会失败，将会得不偿失！子玉的失败是出于您的举荐，您所举荐的人竟使国家遭致失败，这又有什么值得祝贺的呢？子玉这个人，刚愎而无礼。他既没有治理人民的才干，也没有带兵打仗的本领。他指挥战车如果超过三百乘，就无法凯旋。假如他能率领战车安全归来，到那时我再向您道贺一点也不晚呀！"

果然，第二年子玉违抗楚王要他撤退的命令，指挥楚军在城濮和晋文公亲自率领的晋军会战，结果打了败仗。楚王大怒，暗示子玉自杀以承担责任。子玉只好自杀。

做人要讲人品，为官要讲官德。我国自古就有重视官德的传统，一方面是以德施政、善待民众："为政以德，譬如北辰，居其所而众星拱之。"另一方面是以德修身、感化他人："政者，正也。子率以正，孰敢不正"。每个人都希望得到尊重，领导者赢得尊重靠什么？不是靠职务高，而是靠基于个人素养的人格魅力。"当官"一阵子，做人一辈子，领导者要有一流的个人素养，一定要做到信仰坚定。"行源于心，力源于志。"做人做官都要根据自己的职位和能力作出相应的事情，否则就有愧于这个职位。而"德之不修，其才必曲"，他的下场便不可能善终。

纳言无失，不辍亡废。

[译文]

采纳他人的建议就没有缺失，不中途停止就不会前功尽弃。

[解读]

品德和修养不是一朝一夕的事，它需要持之以恒，在任何情况下都不间断。同样，善于听取他人的劝告也是必不可少的。人都有糊涂的时候，若不听人言，过分自信，错失便难以纠正，更无助于良好品德的建立。个人修养不是孤立的，良好的环境和正直的人群对一个人的影响是巨大的，在此不能故步自封，尤要不得清高自傲。

[案例]

栾书：听取部下的意见，从善如流

郑国是春秋时的小国，它为了防御楚国，和晋国签订了盟约。结盟的第二年，即公元前585年，楚国即发兵进犯郑国。郑军不敌，向晋国求救。晋景公派栾书前去救援，路上与楚军相遇，楚军不战而退。晋将赵同等人主张乘机攻占与楚国结盟的蔡国。他们催请栾书元帅下令行动，但"中军佐"知庄子阻止栾书元帅发兵，说："楚军已撤，郑国转危为安，我们就不该进攻楚国。"栾书元帅觉得有理，毅然命令大军撤回晋国。由于栾书能听取部下的意见，当时人们就称赞说："从善如流，宜哉。"这个典故见于《左传·成公八年》。

这就是成语"从善如流"的来历。

很多时候，第一个人的善行十分重要。一个人的善良，可以变为两个人的善良，三个人的善良……以至整个社会的善良。

俗话说："良药苦口利于病，忠言逆耳利于行。"

虚心听取别人的意见总是对自己有帮助的，因为仅仅是相信自己，也是不够的，我们还应当相信别人，多听取他人的意见。毕竟，金无足赤，人无完人。人生之路如此漫长，没有谁能保证自己完美无缺，不犯错误，总会遇到一些小挫折小坎坷，但只要及时发现并改正，那你就可以做到尽量完美。这个时候，光靠自信是远远不够的，必须多听取别人的意见，汲取别人的经验教训，这样才能更好地克服重重困难。"纳言无失，不辍亡废。"遇事要多与他人商量，要善于听取他人的意见。做到这些，你才能和他人更好地合作，而不会因为一意孤行使自己的发展受到限制。

小处容疵，大节堪毁。

[译文]
小的地方存有缺点，大的节操就可能被葬送掉。

[解读]
从小事做起是修身养性的根本，一点一滴的积累才能成就品德的提升。古人言："莫以善小而不为"，

说的就是不要好高骛远，要在小节之处自律。一个人的品行高低往往体现在他的一举一动中，崇尚空谈的人总有他的破绽之处。事情自有它的发展规律，只要人们细心观察，小心印证，不仅可以辨出真伪，还可由此为突破口，识人于不觉之中。

[案例]

杨震拒金：是对"慎独"最好的诠释

东汉荆州刺史杨震要改任莱州太守了。

他是悄悄离任的，若要告之下属，张扬出去，地方士绅、长老定要锣鼓喧天地领着四乡百姓送行，定要献上个"廉明清正"之类的牌匾，定要送上荆州的特产，甚至定要以盘缠之名送上银两。可他厌恶这一切。为官的以民为本，为百姓办的好事再多，也是为官的本分；如若接受了这名这物，不就成了以官为本的贪官了吗？

他和老仆只雇了一辆两轮的篷车，装上他的书箱衣物，坐上主仆二人还空了很大的地方。记得来荆州赴任时，也是这些东西，离任时未添物品很让他欣慰。他曾对老仆说过，如果离开荆州时，车中东西多了，他就不是一个清官。

"你看，我的东西多了吗？"他问老仆。

"似乎还少了些。"

"那我是以清白之身离开荆州的了。"

车上传出主仆二人爽朗的笑声。

杨震本想简装赶路,不再惊扰任何人,可车到昌邑县住进驿馆后,县令王密就到了。

"先生到了昌邑,学生不知,未能远迎,罪过,罪过。"王密大汗淋漓地进屋便向杨震施礼。

"可你还是知道了。"杨震冷冷地说道。他很不喜欢官场应酬的恶习,更不希望看到王密也学会这些东西。

"是驿长禀报我的。"王密看出杨震的不快,"先生是我的恩师,到了我的辖地,我怎能不来拜见呢?"

杨震在荆州刺史任上时,见王密是个人才,便举荐他做了昌邑县令。可杨震发现,当年那个英姿勃发的少年才子,如今也变得暮气沉沉了。

掌灯时分,王密又来驿馆拜会杨震,神色诡谲地在屋门外张望片刻后,关上了屋门。

杨震警觉地正欲责问王密,王密已从携带的布袋中取出十斤黄金悄悄地放到桌上。

杨震愀然作色。"这是干什么?"他喝问。

"学生的一点心意。"王密在杨震嗔怒的目光下有些慌乱了。

"你不知我为官的信条吗?"

"学生早知,可现在无人知晓。"

"天知、地知，你知、我知，怎么是无人知晓？"杨震强压着怒火，他感到自己的人格受到了侮辱，声音都变得颤抖了。

王密被唬得不敢再说半句。

"王密啊！"杨震慨叹道，"我当年举荐你，知你是个贤能之士；可如今，我不知你，你也更不知我了。"

王密听罢，羞愧难当，收起桌上的黄金退出了屋。

杨震在其身后说："天知、地知，你知、我知，你要改之啊！"

第二天，晨曦微露，杨震便上路了。他看看车上的物品，还是那样多，唇间露出了一丝微笑。

中国的知识分子自古便以"慎独"作为修身的准则。"慎独"就是在一人独处的情况下依然严格自律，不做任何违背道义的事情。

所谓自律是在每一天，去做到你想要成为的那一个人，做成你想要做成的那一件事，以及过好你想要过好的一生。

所以，与其说自律是一个变好的自己，不如说，它是一个不断在变好的自己，因为真正的自律永无止境，它需要的不过是你足够的耐心和坚持。正是有了"慎独"和"自律"，也就保证人们在小的地方不会存有缺点。那样，会葬送大的节操。

敬人敬心，德之厚也。

[译文]

尊敬他人就要尊重他人的思想，这是提高品德的关键之处。

[解读]

树立威望，培养仁德，只知在物质上施人以惠是远远不够的。人们也许会为此感恩于一时，却不能使之诚服于一世。在思想上尊重别人，最能打动人心，化敌为友，令人敬佩。一个仅在表面上礼仪备至的人，人们若和他没有心灵的相通之处，终不会融为一体，亲密无间。常言道有容乃大，没有思想上的包容，其气量就难称之为大，其品德便毫无过人之处了。

[案例]

秦始皇：听从了李斯的意见，废除逐客令

秦王嬴政十年，即公元前 237 年，秦国势力已非常强大，各国客卿纷纷涌入秦国，以实现自己参与政事、加官晋爵的梦想。他们当中不乏有才能的人。各国客卿的崛起，使秦国政治中形成了一股新锐势力，严重地威胁了秦国宗室大臣的权势。

这些无所事事，如同蠹虫一般养尊处优的宗室大臣，却不能忍受那些锐气十足的新贵，便纷纷向秦王上书：先是列陈以前的实例，说韩国间谍郑国为秦修建水渠，其目的是阻挠秦的东征进程；然后，他们又提出：别的国家的人来秦，目的也都跟郑国差不多，大抵都是代他们的主子向秦王游说，或是做间谍，反正有百害无一利。

秦王听了他们的话，下了命令：驱逐在秦国的一切别国客卿。

在被驱逐的人当中，有个叫李斯的青年人。他是著名学者荀卿的学生，韩非的同学，为了实现做官参政的愿望，他入秦国当了吕不韦的舍人，眼下是秦王嬴政的客卿。逐客令一出，李斯大为着急：为他个人，这意味着他将被驱逐，刚刚开始有了希望的宏图将不得施展；为秦国，他以一个政治家的目光清醒地看到这将堵塞秦的富强之途，无助于秦的扩大发展。于是，他连夜给秦王写了一封信，劝谏他收回逐客令，这就是著名的《谏逐客书》。

《谏逐客书》一开头便指出：

"我听说要驱逐客卿，我个人认为这是错误的举动。"

他的分析首先从一个故事讲起。他说：

"从前，秦穆公求贤人，从西方的戎人那里请来了由余，从东方的楚国请来百里奚等人，兼并了二十个国家，称霸西戎。秦孝公重用商鞅，实行新法，移风易俗，使国家强盛，打败了楚国和魏国，扩地千里，秦国强大起来。秦惠王利用张仪的计谋，拆散了六国的合纵抗秦，迫使各国臣服于秦国。秦昭王得到范雎，削弱贵戚力量，加强王权，蚕食诸侯，确立了帝业。这四代先王都是任用客卿而对秦国做出了贡献。客卿有哪点对不起秦国呢？泰山不拒绝土壤，才能高大，河海不拒绝细小支流，才会深邃。虽不是秦国出产的物品，但有很多是宝贵的。有才能的人虽不是秦国人，但有很多愿忠于秦国。现在下逐客令，正是把武器借给敌人，把粮食送给他国。国内空虚，国外树怨，国家肯定危险。"

　　之后，他又用了大量类比、比喻来说明逐客的不当。他说，秦国宫殿中罗致的宝物，如昆山玉、明月珠、太阿剑、纤离马等，哪一样是秦自己出产的？如果一定只用秦国产的东西，那大家的首饰、器皿都从哪里来？甚至后宫的美女从哪里来？就连大王每日所听的音乐，不也有很多都是外国的民歌吗？

　　在篇末，他指出，秦若想强盛，必须博采他国之长，包括宝物、美女，更要包括人才。不产于秦的东西，有很多都是宝物；不产于秦的人才，也有很多对秦王忠心耿耿。"是以泰山不让土壤，故能成其大；河海不择细流，故能就其深；王者不却众庶，故能明其德。"

李斯这封辞采丰富、说服力强的信到了秦王案头，秦王读后，立即心悦诚服，下令收回逐客令。从此秦王坚持改革开放，终于使各国人才都能在秦施展才华，使秦的事业生机勃勃。尤其是李斯，更是被秦王大加赏识，他也不负众望，在秦王统一中国的事业中起过重大作用，后来还做了秦的丞相，成为一代名臣。《谏逐客书》改变了中国的历史，在秦的帝业中起到举足轻重的作用。

"敬人敬心，德之厚也。"秦始皇听从了李斯的意见，马上废除逐客令，将李斯等人官复原职。后来，在为秦统一各国立下汗马功劳的人中，尉缭是魏国人，李斯是楚国人，王翦、王贲、蒙武、蒙恬等能征善战的武将，以及顿弱、姚贾等外交人才，也都是外来人员。最终，成就秦国一统天下的伟业。

诚非虚致，君子不行诡道。

[译文]

真诚不能靠虚假得来，所以君子不使用诡诈之术。

[解读]

弄虚作假，沽名钓誉之人，他们纵是骗得声名，也终会被人揭穿的。良好的品德容不得半点虚假，人的伪装不可能滴水不漏，一旦事情紧急，人的本性自然而然地显现，这绝非做假之人所能控制的。真诚对人才能赢取人心，不使诡诈才能问心无愧，堂堂正正。小人之辈不从根本上培养仁德，这就决定了他们不管手段多么高明，到头来只能是枉费心机，归于无用。

[案例]

伪君子赵宣被法办

汉恒帝时期，陈蕃出任乐安太守，听说治下有一位叫赵宣的平民百姓，乡邑间盛赞其人至孝。父母去世，按常规要守丧三年，或居家，或结庐墓旁，这位赵宣竟然守丧二十余年，而且一直住在未封闭的墓道之中。

陈蕃听到了众人的推荐，便会见了这位"州郡数礼请之"的孝子。聊起家常，陈蕃发现赵宣有五个不到二十岁的孩子。陈蕃大怒："圣人制礼，贤者俯就，不肖企及。且祭不欲数，以其易黩故也。况乃寝宿冢藏，而孕育其中，诳时惑众，诬污鬼神乎？"本来《礼记》上说："三年之丧，可复父母之恩也"。又说："祭不欲数，数则烦，烦则不敬。"你守丧二十多年，天天祭，已经不合礼的规定，而且竟在守丧中生儿育女，岂不是欺世惑众，亵渎鬼神！大怒之下立即把这个伪君子法办了。

人们推崇道义，尊敬品德高尚的人。然而，很多人遵守道义并不是出于真心，而是为了得到人们的推崇和尊敬。表面上做出一副至孝至善的样子，其实在内心有很多的私欲和杂念。这样，拿着道义的名义来进行欺骗的人，其实是十分伪善的，他们所做的一切都是在装样子。所以说，一些贫寒之士有时候也很骄傲，但是即使骄傲也会带有几分正义和侠气，但是很多看似有大作为的人，做好事十分慷慨，但是其实都是做给别人看的，并没有半点真心。我们判断一件事物的时候，不要被一些表面的隆重和盛大所蒙蔽，而是要看做这件事情的人是否真诚。

"诚非虚致，君子不行诡道。"真诚才能赢取人心，不使诡诈才能问心无愧，堂堂正正。

祸由己生，小人难于胜己。

[译文]

祸患由于自身而产生，小人很难战胜自己。

[解读]

要战胜别人，就要首先战胜自己，这是古往今来的一条铁律。一个不自律自强的人，其道德水准和修养功夫定有欠缺，存有许多弱点，凭此自是难以战胜别人的。小人不讲修身，不讲道德，在各种诱惑和罪恶面前都不收手，这是他们失败的主要原因，是与他人无关的。修身决不可废，修身到了一定的层次，才能明辨是非，亦能把握自己，不为情绪所左右。

[案例]

鲁麟：仗势要挟，搬起石头砸了自己的脚

明宪宗成化年间，庄浪（今甘肃永登）都指挥金事、土司鲁鉴曾为大明江山立下过赫赫战功。论功封赏，他被提升为甘肃总兵。其子叫鲁麟，自幼武艺高强，随父亲在军中征战驰骋，也屡立战功。鲁鉴死后，朝廷封鲁麟为甘肃副总兵。起初，鲁麟很高兴。可是，鲁麟是一员武将，听不得部下挑唆。当听到有人议论"将军如此大功，却只得副职"时，他开始不满意起来，便上书朝廷请求加封为总兵。

但那时已没有了战争，朝廷用不着剽悍之将了，又担心鲁麟拥兵自重，所以才只封他为副职。故而鲁麟一再请求，朝廷也不给办理。鲁麟找手下人商量，手下人

给他出了个主意,叫作"明退暗进",让他借口照顾家中老幼,请求去职还乡。

奏本传到皇上那儿,宪宗召集大臣们商量此事。有人建议皇上答应他的要求,让他做总兵。但又担心他拥兵难制,于是提议说将他另派个地方,明升暗降。这时,兵部尚书刘大夏启奏说:"鲁麟自恃有功,一再要求加封,皇上若满足他的要求,恐他将来欲壑难填,终究不是办法。据我所知,鲁麟暴虐无常,与部下也不是特别亲密,孤掌难鸣,是掀不起大风浪的。臣有一计,皇上可以一边派人嘉奖他父亲的忠诚不贰,用大帽子稳住他,让他为了保全父亲的名节而不敢轻举妄动;一边批准他的请求,让他回家顾养亲小。如此一来,叫他有苦说不出。"皇上依刘大夏之计而行,一边昭示鲁鉴的一片忠心,让天下人都知道,同时又批准鲁麟回家赡养老母和孩子的请求。

鲁麟接到嘉奖父亲效忠的诏令,心里十分高兴,满以为总兵的官职要到手了。但哪里想到,接下来的诏书是批准自己辞官归乡的。这可把鲁麟一下子气得胡子飞起来,抽刀就要聚众起事。但静下心来一想,这样一闹,岂不是坏了父亲的名声?再说,驻甘肃的汉兵不少于自己的部众,起事成功与否,也没有把握。思来想去,也没有想出良策。他手下那班小人见朝廷不用他了,就离他远远的。鲁麟只好自认倒霉，闷闷不乐地回老家去了。最后郁闷而死。

"祸由己生，小人难于胜己"鲁麟仗势要挟，难以以理服人，又被剥夺了兵权，到头来只得到一张空头支票，实在是搬起石头砸了自己的脚。

谤言无惧，强者不纵，堪验其德焉。

[译文]

对诽谤的话不惧怕，对势大的人不放纵，以此可以验证一个人的品德了。

[解读]

检验一个人品德的高低、好坏，是要以事实为依据的，关键之时一个人的表现如何，最有说服力。特别在谤言、强者面前，如果一个人的意志不坚，品德不高，那他就很难坚持原则，更难以不计自己得失而明哲保身了。

[案例]

石苞：面对诬告，光明磊落，无所畏惧

西晋的石苞面对不平，心底无私，坦然相对，终于使晋武帝自省，也消除了自己的不平之境。

石苞是西晋初期一位著名的将领，晋武帝司马炎曾派他带兵镇守淮南，在他的管区内，兵强马壮。他平时勤奋工作，各种事务处理得井井有条，在群众中享有很高的声望。

当时，占据长江以南的吴国依然存在，吴国的君主孙皓也还有一定的力量，他们常常伺机进攻晋朝。对石苞来说，他实际上担负着守卫边疆的重任。

在淮河以北担任监军的人叫王琛。他平时看不起贫寒出身的石苞，又听到一首童谣说："皇宫的大马将变成驴，被大石头压得不能出。"石苞姓石，所以王琛就怀疑，这"石头"就是指石苞。

毫无理由地怀疑他人，陷人于不平之中，实在是不义之举。

于是，他秘密地向晋武帝报告说："石苞与吴国暗中勾结，想危害朝廷。"在此之前，风水先生也曾对武帝说："东南方将有大兵造反。"等到王琛的秘密报告上去之后，武帝便真的怀疑起石苞来了。

正在这时，荆州刺史胡烈送来关于吴国军队即将大

举进犯的报告。石苞也听到了吴国军队将要进犯的消息，便指挥士兵修筑工事，封锁水路，以防御敌人的进攻。武帝听说石苞固垒自卫的消息后更加怀疑，就对中军羊祜说："吴国的军队每次来进攻，都是东西呼应，两面夹攻，几乎没有例外。难道石苞真的要背叛我？"羊祜自然不会相信，但武帝的怀疑并没有因此而解除。凑巧的是，石苞的儿子石乔担任尚书郎，晋武帝要召见他，可他过了一天时间也没有去报到，这就更加引起了武帝的怀疑。于是，武帝便想秘密地派兵去讨伐石苞。

　　武帝发布文告说："石苞不能正确估计敌人的势力，修筑工事，封锁水路，劳累和干扰了老百姓，应该罢免他的职务。"接着就派遣太尉司马望带领大军前去征讨，又调来一支人马从下邳赶到寿春，形成对石苞的讨伐之势。

　　王琛的诬告，武帝的怀疑，对石苞来说，他一概不知道，到了武帝派兵来讨伐他时，他还莫名其妙。但他想："自己对朝廷和国家一向忠心耿耿，坦荡无私，怎么会出现这种事情呢？这里面一定有严重的误会。一个正直无私的人，做事情应该光明磊落，无所畏惧。"于是，他放下身上的武器，步行出城，来到都亭住下来，等候处理。

　　武帝知道石苞的行动以后，顿时惊醒过来，他想："讨伐石苞到底有什么真凭实据呢？如果石苞真要反叛朝廷，他修筑好了守城工事，怎么不作任何反抗就亲自出城接受处罚呢？再说，如果他真的勾结了敌人，怎么没有敌人前来帮助他呢？”想到这些，晋武帝的疑虑一下子打消了。后来，石苞回到朝廷，还受到了晋武帝的优待。

俗话说：“脚正不怕鞋歪，身正不怕影斜。”石苞的故事告诉我们：在大是大非面前和紧急关头，应该冷静地对待和妥善地处理。对于自己所遇到的不公平遭遇，要勇于忍受。不要因此而惊恐不安或是气愤不已，轻举妄动，那样只能把事情搞得更糟。

不察其德，非识人也。

[译文]

看不出人的品行，就算不上会识别人。

[解读]

人的品行不是一眼就能看穿的，它含而不露，隐藏极深；人的品行又是重要的，它关及一个人的本质，不认清它就会埋下隐患，所以说识人不能只看一个人的表面，如果看不出他内在的东西，就会导致很大的误差，甚至会发生致命的错误。

[案例]
宋太宗：决意任用吕端为宰相

据《宋史》记载，吕端"宽厚多恕"，在事关个人利益的问题上，虽多次被贬罢官，"意豁如也"，对职务的升迁并不介意。赵普说："得嘉赏未尝喜，遇挫折未尝惧，亦不形于言……"与人交往，"轻财好施"，奉献的多索取的少；对流言蜚语不记在心里，即使对于别人的误会，造谣中伤，他也不辩驳，只说："我按直道行事，无愧于心，风言风语不足畏。"

太宗至道元年（公元995年），欲用吕端代吕蒙正为相，有人说："端为人糊涂。"太宗根据自己多年体察，立即说："端小事糊涂，大事不糊涂。"因此，决意任用吕端为宰相。

吕端任宰相后，不计名利地位，遇事以大局为重，处事以公正清廉简约为原则，持重稳当，深得各方面的好评，终为一代名相。

西夏李继迁反叛，西部边境不宁。宋出兵攻夏，俘获了李继迁的母亲，大臣们一致主张把她杀了，宋太宗也想杀而儆之。吕端却提出不要斩杀李继迁母亲的意见。

他引用秦、汉时期项羽欲杀刘邦之父的故事说："李继迁是个反叛之人，今天杀了他母亲，明天能逮住李继迁本人吗？如果不能，只会结下更多的仇恨，不是更加坚定了他的反抗之心了吗？"他同时提出了善待李继迁母亲的长远策略，他说："派人把她好好护养在延州，以此争取李继迁回心转意。这样虽说不可能使李继迁马上就来归降。但是，可以用他母亲拴住他的心。"太宗听了吕端这种深谋远虑的想法，就采纳了吕端的意见，派专人将李继迁的母亲奉养在延州，直到病死。后来李继迁的儿子德明念在宋朝优待他奶奶的情分上，归顺了宋朝。

清代魏禧在《里言》中说："观人行事须在大处，观人立心须在小处。人大节无亏，小节不足复论。而欺世盗名之人，轻易忽略处露出全副心术，合而察之，人无遁情矣。"宋太宗确为知人善任的明君。由此可见，善于用人，必先能识人；只要能识别人才，才会善用人才；不能识别人才就不会善加任用；而要能识人就看当政者的个人才能了。"不察其德，非识人也。"所以，在考查人才的时候，不能拘泥于琐碎的小节而忽视了人的主要品质和才干，也不能没有主见，而偏听左右之人的言论。

择人任事，是十分重要的。尤其作为领导者，知人善任，选拔人才，是不可不注意的大问题。《淮南子》

说："有大略者不可责以捷巧，有小智者不可任以大功。"

识而勿用，非大德矣。

[译文]

能识人却不能任用他，就不能说是德高者了。

[解读]

品德高的人并不只满足自己的修身养性，他们还能抛开成见，去除小我。在识人的同时，大胆地任用他们，让他们人尽其才，发挥应有的作用。这是个人修养的扩大和深化，也是最令人值得尊重和敬佩的。如果做不到这一点，只知完善自我，无论他功德如何圆满，也不能称其为"大德"，他对社会的贡献和影响也就十分有限了。

[案例]

刘邦与项羽：识人与用人之间胜败已定

有一天，刘邦正在军营中洗脚，军士传报：营门外有儒生求见，刘要军士告诉他，现在是战争时期，不见知识分子。不料，这位知识分子不经同意，直闯营门，冲着刘邦的面说："你为什么这样轻视读书人？"刘邦说："天下可以从马上得之，要读书人干什么？"这位读书人当即反问他："天下可以从马上得之，天下也能从马上治之吗？"刘邦听后，深受触动，立即和颜悦色，向这位读书人施礼道歉，并请他上座。还有，刘邦胜利之后，有一天问左右臣子："你们直说，我为什么能打败项羽？"这些臣子只是说些拍马奉承的话，刘邦听后摇头说："我之所以能打败项羽，主要靠三位人才。"接着他又说："出谋划策，研究正确作战方针，保证打胜仗，我不如张良；制订典章法令，管理政务，筹集军费粮草，我不如萧何；身临第一线带兵打仗，做到战必胜，攻必克，我不如韩信。此三人皆为人中豪杰，均能为我所用，这是我战胜项羽的主要原因，而项羽只有一个范增也不能用，所以他注定要灭亡。"

现在再说范增其人，范增也算得上是一位足智多谋的能人，他七十岁投奔项羽，为项羽出了不少好点子，开始项羽对他还尊重，但在关键问题上他总是不采纳范增意见，"识而勿用"。一次是鸿门宴上，范增劝项羽除掉刘邦，项羽优柔寡断，下不了决心，结果让刘邦逃脱。又如，项羽打进咸阳以后，大烧大抢，当时范增和其他一些谋士力劝项羽在咸阳建立政治中心，进而统一天下，项羽拒不采纳，并滑稽可笑地说什么，做官发财之后，不回家乡，好比穿着绸缎衣服黑夜走路，谁看得到？因而一意孤行，回他的老家彭城，即现在的徐州，建立西楚王朝，自称西楚霸王，最后落得个洒泪别姬的下场。项羽不仅听不进不同意见，甚至还把讲他缺点的人置于死地。如：有个谋士，由于不满项羽的无能，曾说：楚人沐猴而冠耳，意思是楚人如猕猴戴帽虚有其表。项羽听到后，竟将此人放在火炉上活活烤死。而范增由于向项羽建议太多，使他感到很烦，从而对范增由信任到冷淡，气得范增辞职，中途生病致死。至此项羽离乌江的路程已经不远了。

　　秦朝末年，天下大乱，群雄纷起，逐鹿中原，其中最主要的有两雄，即项羽和刘邦。本来，项羽不管从哪个方面较之刘邦，都处于绝对优势，结果竟是刘邦战胜了项羽，胜利还乡，高唱大风歌。而项羽则兵败乌江，被围垓下，至死不知自己为什么死，还大吹什么，力拔山兮气盖世。更说：此天亡我也，非战之罪也。本来是项强刘弱，最后是刘胜项败。古往今来，史学家小说家对此评价颇多，却大都是隔靴搔痒，没有说到点子上。究竟项强刘弱转化为刘胜项败最主要的原因是什么？很简单：刘邦有自知之明，更有知人用人之明，而项羽则既无自知之明，更无知人用人之明。